새롭게 풀이한

명심 보감

안형순 · 심우섭 엮음

부록-고사 · 사자 성어

(주)교학사

새롭게 풀이한

명심보감

안형순 · 심우섭 엮음

부록-고사 · 사자 성어

책머리에

꽃은 향기로 말하고 사람은 인격으로 말한다.

모양이 아무리 아름다운 꽃이라도 향기가 없으면 나비가 날아들지 않고, 용모가 아무리 빼어난 사람이라도 인격이 훌륭하지 않으면 사람이 따르지 않는다.

명심보감(明心寶鑑)이란 '마음을 밝히는 보배로운 거울'이라는 뜻이니, 용모의 흐트러짐을 거울에 비추어 바로잡듯 인격의 흐트러짐을 책에 비추어 바로잡으라는 내용이다.

인격은 선천적으로 타고나는 용모와 달라서 후천적인 수양에 의하여 만들어지는데, 청소년기는 바로 '인격 형성'의 토대가 되는 시기이다. 곧 훌륭한 인격의 인간이 되느냐 되지 못하느냐는 청소년기에 어떠한 생각과 행동으로 생활하느냐에 달려 있는 것이다.

명심보감은 예로부터 어린이용 학습 교재로 많이 읽혀 왔고 요즘 현대인들에게는 가장 많이 알려진 한문 교재 중 하나가 되고 있다.

또한 그 문장과 내용이 평이하여 일반인은 물론 학생들도 이해하기 쉬우니, 이 책을 통하여 다른 동양 고전에도 관심을 갖게 된다면 참으로 바람직한 일이 아닐까 한다.

끝으로 잠들어 있던 선인(先人)의 숨결을 오늘에 되살리는 일을 할 수 있도록 배려해 주신 출판사 관계자 여러분께 감사드리며, 한편으로는 좀더 여유 있는 시간과 여건이 주어졌다면 보다 충실한 작업이 되지 않았을까 하는 아쉬움이 남는다.

미진한 부분은 선배 제현(諸賢)의 가르침을 받아 보완할 기회가 있기를 바란다.

1998년 12월

엮은이

차례

일러두기

- 원문 풀이는 직역을 원칙으로 하되, 필요한 경우 과감한 의역을 하였다.

- 해설은 원문을 부연 설명하는 형식으로 하였다.

- 예화는 한국의 인물과 사건을 위주로 하되, 필요한 경우 중국의 인물 · 사건, 기타 자료도 활용하였다.

- 인물 · 서책 · 참고 등은 역사적 · 교육적으로 필요한 경우 비중 있게 다루었고, 그 외는 간단히 처리하였다.

- 한자 풀이는 해당 원문에 필요한 뜻을 위주로 나타내고, 일상 생활에서 흔히 쓰는 단어를 실었다.

- 적절한 문장을 가려 뽑되, 구절이 너무 길어 집중도가 떨어지는 경우 필요한 부분만을 취하여 실었다.

- 의미가 통하는 편끼리 묶어 연관성을 더하고, 내용이 많지 않은 편을 하나로 묶어 산만하지 않게 하였다.

계선편

(繼 善 篇)

이 편은 '선행[善]을 계속[繼]하라'는 선인(先人)들의 말씀을 모은 것이다. 평생을 행해도 부족한 것이 착한 일이지만 그 시작은 아주 작은 실천에서 비롯된다. 이제 그 말씀에 따라 한 걸음씩 내딛도록 하자.

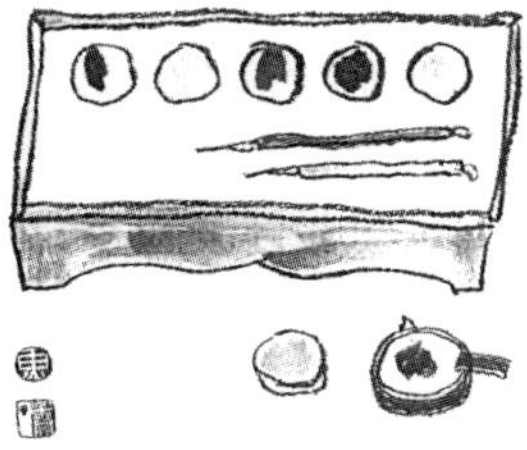

爲善者는 天報之以福하고
위선자 천보지이복

爲不善者는 天報之以禍니라
위불선자 천보지이화

〈孔子〉

선한 일을 하는 사람에게는 하늘이 복을 주시고,
선하지 못한 일을 하는 사람에게는 하늘이 재앙을 주신다. 공자

해 설

천지 자연의 질서는 엄격하여서 콩을 심으면 콩이 나고 팥을 심으면 팥이 나는 법. 이를 부처는 '인과응보'라 하였고, 예수는 '뿌린 대로 거두리라' 라고 표현하였다. 모든 씨앗이 꽃이 피고 열매를 맺는 기간이 다르듯 언젠가는 선과 악의 결과가 드러나는 법이다.

한자 풀이

- 爲(위) : 하다, 행하다. 行爲(행위)
- 報(보) : 갚다. 報答(보답), 알리다. 報告(보고)
- 之(지) : 그것(지시 대명사). 善·不善을 지시함.
- 以(이) : ~으로써, ~로서.
- 福(복) : 복, 행복.
- 禍(화) : 화, 재앙.

예화

옛날 중국의 훌륭한 임금인 우왕(禹王), 탕왕(湯王), 문왕(文王), 무왕(武王)은 천하의 백성들을 널리 사랑하였고, 그들을 이끌고 하늘을 공경하고 섬기었다. 이와 같이 사람을 이롭게 함이 많았기에 하늘이 복을 주어 천자로 삼았고, 천하의 제후가 모두 예를 갖추어 섬기었다.

한편 포악한 임금인 걸왕(桀王), 주왕(紂王), 유왕(幽王), 여왕(厲王)은 천하의 백성들을 미워하여 폭압으로 다스렸고, 그들을 이끌고 하늘을 비난하고 업신여겼다. 이와 같이 사람을 해롭게 함이 많았기에 하늘이 재앙을 주어 나라를 망하게 하였고, 육신을 죽이어 사람들에게 치욕과 비난을 받게 하였다.

즉 우왕, 탕왕, 문왕, 무왕은 사람을 사랑하고 도와 복을 받은 자이고, 걸왕, 주왕, 유왕, 여왕은 불선을 행하여 재앙을 입은 자이다.

고전 소설의 으뜸인 '흥부전'과 '장화 홍련전'의 이야기 속에도 착한 일을 하면 복을 받고, 악한 일을 하면 재앙을 받게 된다는 교훈이 담겨져 있다.

예로부터 삶의 최고 가치는 사람으로서 마땅히 가져야 할 양심(良心)을 지키고, 사람으로서 마땅히 지켜야 할 도리(道理)를 다하여, 하늘을 우러러 한 점 부끄러움이 없는 사람이 되는 것이다.

하늘은 널리 사람을 사랑하여 차별 없이 사람에게 은혜를 준다. 어떻게 이를 알 수 있는가?

이는 사람이 만물의 영장으로 삶을 영위하며 번영하고 있기 때문이다.

이와 같이 하늘이 진실로 사람을 보살필진데, 사람들이 서로 사랑하고 돕기를 하늘이 바라는 것은 너무나 당연하다.

그러므로 하늘은 남을 사랑하고 돕는 착한 사람에게는 마땅히 복을 내려 줄 것이요, 남을 미워하고 해치는 사람에게는 반드시 재앙을 내려 줄 것이다.

인 물

공자(孔子) : B.C.551-B.C.479. 성(姓)은 공(孔), 이름은 구(丘), 자(字)는 중니(仲尼). 삶의 최고 가치인 '어짊[仁]' 을 주창한 인류의 스승. 그의 말과 행실을 기록한 '논어(論語)'는 지금까지도 많은 사람들에게 교훈과 감동을 주고 있다.

참고

우왕(禹王), **탕왕**(湯王), **문왕**(文王), **무왕**(武王) : 중국 고대의 훌륭한 왕. 하(夏)나라, 은(殷)나라, 주(周)나라를 세움.

걸왕(桀王), **주왕**(紂王), **유왕**(幽王), **여왕**(厲王) : 중국 고대의 폭군으로 하(夏)나라, 은(殷)나라, 주(周)나라를 망하게 함.

勿以善小而不爲하고 勿以惡小而爲之하라
물 이 선 소 이 불 위 물 이 악 소 이 위 지

〈劉備〉

선한 일이 작다고 해서 하지 않아서는 안 될 것이며,
악한 일이 작다고 해서 하여서는 안 될 것이다. 유비

해 설

티끌 모아 태산이라는 말이 있다. 선인도 악인도 처음부터 구분되어져 있는 것이 아니고, 행동 하나 하나가 오래 계속되어 습관이 되면 선인, 악인으로 굳어지는 것이다. 때문에 옛사람들은 '바늘도둑이 소도둑 된다'라고 말하여 작은 악행이라도 쌓이는 것을 경계하였다.

한자 풀이

- 勿(물) : ~하지 말라, 없도록 하라. 勿論(물론)
- 而(이) : 말 이을, 어조사. 접속어로서 영어의 and나 but처럼 문장과 문장을 잇는 데 사용된다.(여기서는 and)
- 之(지) : 영어의 it와 같은 지시 대명사로서 惡을 지시하고 있다.

예화

혜원(慧遠 333-416)은 중국 동진(東晉) 때의 승려로, '누구나 정성으로 염불하면 극락 정토에 들 수 있다'고 설법한 정토종의 시조이다. 그는 불법에 정진하기 위하여 37년 동안 여산(廬山)의 동림사(東林寺)를 떠나지 않았는데, 손님이 돌아갈 때에도 동림사 앞 개울까지 나갈 뿐이었다.

팽택 현령 도연명(陶淵明 365-427)이 어느 날 혜원을 방문하여 대화를 나누다가 관리로서 오랫동안 자리를 비워둘 수 없어 떠나게 되었다. 아쉬운 정을 나누며 개울가 언덕에 이르렀는데 혜원은 걸음을 멈추었다. 그러자 도연명이 말했다.

"조금만 더 같이 걸으시지요. 저는 관리이기 때문에 행동이 자유스럽지 못하지만 대사께선 속세를 떠나셨으니 구름처럼 오고 갈 수 있지 않습니까?"

혜원은 곧 대답하기를,

"안 되겠네. 마음이 시키는 대로, 욕망이 솟는 대로 할 수는 없네. 자네와 좀더 함께 있고 싶지만 앞에 개울이 있으니 여기서 헤어져야겠네."

도연명이 섭섭하여 물었다.

"저 개울을 잠깐 건너는 것도 안 됩니까?"

"안 되네. 나는 삼십 여년 동안 이 개울을 넘어본 적이 없네."

"그것이 계율입니까?"

"그래, 그것이 내 개인의 계율이지."

"그런 계율이 무슨 의미가 있을까요?"

"의미가 있고 없고가 문제가 아닐세. '선한 일이 작다하여도 하지 않아서는 안 될 것이며, 악한 일이 작다고 해서 하여서는 안 될 것이다.' 라는 유비(劉備)의 말도 있지 않은가? 무릇 작은 일을 잘해야 큰 일을 잘할 수 있다네. 내가 만약 작은 계율을 지킬 수 없다면 어찌 큰 진리를 깨달을 수 있겠는가?"

도연명은 고개를 끄덕이며 돌아갔다.

인 물

유비(劉備) : 160-223. 자(字)는 현덕(玄德), 묘호(廟號)는 소열황제(昭烈皇帝). 삼국(三國) 때 촉한(蜀漢)의 시조. 후한말(後漢末) 황건적을 쳐서 공을 세움. 제갈량(諸葛亮)의 도움으로 형주(荊州) 익주(益州) 등을 차지하여 위(魏) · 오(吳)와 형세를 겨루다가 오(吳)와의 전쟁에서 패하여 병사하였다.

참고

자(字) : 옛날 사람들은 '사람의 이름은 신성한 것'이라 하여, 아무리 나이가 젊은 사람이라 하여도 함부로 그의 이름을 부르지 않고 대신 자(字)를 불렀다.

옛날에는 사내아이가 20세가 되면 어른이 되는 의식을 치렀다.

이 의식을 관례(冠禮)라 하는데 요즈음은 성인 의식(成人儀式)이라고 부른다. 이 때 자(字)를 지어 널리 사용하였는데, 본명(本名)과 비슷하게 짓는 것이 일반적 풍습이었다.

어렸을 때에는 아명(兒名)을, 성인이 되면 자(字)나 또 다른 별명인 호(號)를 지어 불렀다. 그리고 나라에 공이 있는 사람은 죽어서도 왕으로부터 시호(諡號)를 내려 받았는데, 문성공, 충무공, 충장공 등이 그 예이다.

積金以遺子孫이라도 未必子孫이 能盡守요
적금이유자손 미필자손 능진수

積書以遺子孫이라도 未必子孫이 能盡讀이니
적서이유자손 미필자손 능진독

不如積陰德於冥冥之中하여 以爲子孫之計也니라
불여적음덕어명명지중 이위자손지계야

〈司馬溫公〉

황금을 쌓아서 자손에게 남겨 주어도 반드시 자손이 다 지키지는 못하고, 책을 쌓아서 자손에게 남겨 주어도 반드시 자손이 다 읽지는 못하니, 남 모르는 가운데 덕을 쌓아서 자손을 위한 계책으로 삼느니만 못하다. 사마온공

해 설

황금이나 지식보다도 인간 관계의 화목이 더욱 중요하다는 말이다. 사람은 서로 도우면서 더불어 살아가도록 되어 있다. 남 모르는 가운데 선을 행하고, 말없이 덕을 쌓으면 여러 대중이 느끼고 아는 법. 자손이 어려운 일을 만나면 그의 부모에게서 받은 은혜를 되갚게 마련이다. 사람도 이러하거늘 하늘의 보살핌은 또 어떠하겠는가?

한자 풀이

- **積**(적) : 쌓다, 쌓이다. 積善(적선)
- **遺**(유) : 남기다. 遺産(유산)
- **盡**(진) : 다하다. 盡力(진력)
- **陰**(음) : 그늘, 몰래. 陰德(음덕)
- **冥**(명) : 어둡다, 깜깜하다. 冥府(명부)

예화

문성공 안향(安珦 1243-1306)은 경상도 순흥(順興) 사람으로 일생을 통하여 학교를 일으키고 어진 이를 기르는 데 주력하였다. 또한 그는 당시로서는 선진 학문인 주자의 성리학을 좋아하여

"공자(孔子)의 도를 배우려면 먼저 주자(朱子)의 도를 배우라."

하였다. 무신의 난과 몽고의 침입 이후로 유교와 그의 전당인 학교는 폐허가 되고 교육이 서지 않아 나라의 앞날이 어두웠을 때에 공은

"재상의 임무는 인재를 양성하는 데 있다."

선언하고 관학인 국학(國學)을 진흥시키는 데 노력하였다. 이보다 앞서 문종 때에 최충이 9재 학당을 세워 사학(私學)을 중시한 것과 입장을 달리한 것이었는데, 그는 학교를 수축하고 관리들로 하여금 기부금을 내게 하는 섬학전 제도를 실시하여 교육 예산인 양현고(養賢庫)를 확충하는 한편, 사재를 털어 녹봉과 노비 백여 명을 학교에 바쳤으니 그 후 조선에 와서도 성균관에서 부리는 노비는 공의 집 노비였다. 이와 같은 공의 노력으로 국학(國學)이 부흥되고 이제현, 이색, 길재, 정몽주, 이숭인, 정도전, 권근, 정인지 등과 같은 유학자가 배출되어 세종조의 찬란한 문화가 꽃피는 밑거름이 되었다.

훗날 성현(成俔 1439-1504)은

"문성공 안향의 후손은 지금까지도 장자(長子)가 모두 과거에 급제하고 있으니, 사람들이 '문성공의 음덕이다' 라고 칭송하였다."

고 그의 저서 용재총화에 적고 있다. 심

인 물

사마온공(司馬溫公) : 1019~1086.　북송(北宋) 때의 정치가이며 학자. 성은 사마(司馬), 이름은 광(光), 자는 군실(君實). 온국공(溫國公)에 봉해졌으므로 온공(溫公)이라 불려졌다. 특히 그는 공자가 편찬한 역사책 춘추(春秋)의 체제를 모방하여 자치통감(資治通鑑)을 엮었는데, 이 책은 조선 시대 과거 시험을 준비하는 선비의 필독서 가운데 하나였다.

용재총화 : 조선 시대 문신 · 학자인 성현의 수필집. 내용은 문담(文談), 시화(詩話)와 그에 얽힌 사람들의 이야기를 다룬 것으로, 조선 시대 수필 문학의 으뜸으로 알려졌다.

恩義를 廣施하라 人生何處不相逢가
은의 광시 인생하처불상봉

讐怨을 莫結하라 路逢狹處면 難回避니라
수원 막결 노봉협처 난회피

〈景行錄〉

은혜와 의를 널리 베풀라. 사람이 어느 곳에 산들 서로 만나지 않겠는가?
원수와 원한을 맺지 말라. 길이 좁은 곳에서 만나면 돌아서서 피하기 어렵다. 경행록

해 설

우리 속담에 원수는 외나무다리에서 만난다고 하였다. 세상을 살아가면서 남의 마음을 아프게 해서는 안 된다는 강한 메시지를 담고 있는 말이다.

버스나 지하철에서 어른께 자리를 양보하고, 친구에게 하는 말 한 마디에도 마음을 상하지 않도록 신경을 쓴다면, 그 순간부터 착한 사람이 되는 것이다. 우리는 착한 인연은 맺고, 악한 인연은 맺지 않도록 노력해야 한다.

한자 풀이

- 廣(광) : 넓다. 廣闊(광활)
- 景(경) : 빛, 밝다, 경치. 景觀(경관)
- 施(시) : 베풀다. 施惠(시혜)
- 結(결) : 맺다. 結婚(결혼)
- 狹(협) : 좁다. 狹小(협소)
- 避(피) : 피하다. 避難(피난)
- 讐(수) : 원수. 怨讐(원수)

예화

허적(許積 1610-1680)은 조선 숙종 때에 영의정을 지냈던, 나라에 공이 많았던 신하였다. 그는 젊었을 때 몹시 가난하여, 먼 곳에서 친척이 찾아와도 밥 한 그릇 대접하지 못하였다.

그 후 벼슬이 높아지자 가난한 때를 잊지 않고 일가 친척과 이웃에게 많은 은혜를 베풀었다. 그러나 사람을 가리지 않았기 때문에 그 중에는 착하지 못한 무리도 많이 섞여 있었다.

이를 본 이완이 걱정이 되어 말하였다.

"허적은 도량이 넓은 사람이다. 그러나 사람을 가리지 않고 도와 주니, 나중에 오히려 그들에게 해침을 받을 것이다."

그 후, 이완의 말대로 아들 허견(許堅)이 반란을 꾀하다 발각된 사건이 일어났다. 허견은 아버지의 직위를 이용하여 사람을 가리지 않고 여러 사람들과 사귀며 경거망동하였는데, 숙종이 병치레가 많고 아직 세자가 없는 것을 기회로 복선군 남(枏)을 임금에 즉위시키려 한 사건이었다.

이를 뒤늦게 안 허적에게 어떤 이가 자결을 권하였다. 그러자 허적이 이렇게 대답하였다.

"내가 못된 아들 때문에 죄를 입게 되었으니, 죽어야 마땅하다. 그러나 임금의 명을 받기 전에 스스로 죽는다는 것은 임금을 공경하지 않는 처사이다."

하며 옛날에 있었던 이야기를 들려 주었다.

"내가 지평(持平 : 지금의 검사에 해당하는 벼슬)으로 있을 때의 일이다. 길에서 어떤 평민이 신분에 안 맞는 너무 사치스러운 옷을 입고 있기에 잡아다가 벌을 주었다. 그랬더니 그 자의 아내가 찾아와 마구 욕을 하기에 또 매를 때렸다. 결국 그들 부

부는 매를 못이겨 죽고 말았다. 그 후 아들 견을 낳던 날 밤, 어떤 노인이 꿈에 나타나 말하기를 '그대는 전날 한 젊은 내외를 때려 죽인 일을 기억하시오? 나는 그 애의 아비 되는 사람이오. 철없는 애들이 잘못해서 법을 어겼으면 그의 부모를 죄주어 자식을 가르치게 해야지 죽여서야 되겠소. 그 애는 내 외아들이었소. 하늘이 당신에게 그 업보를 갚기 위해 못된 아들 하나를 점지하여 그대 집안을 망하게 할 것이오.' 하였다. 이제 그 노인의 말대로 우리 집안이 망하게 되었으니 누구를 탓하랴?"

그리고 입궐하여 죄를 기다렸다. 허적은 이 사건을 몰랐고 나라에 공이 많다 하여 처음엔 귀양만 보내기로 하였으나, 반대파의 끈질긴 주장으로 숙종도 어쩌지 못하고 사약을 내렸다. 이 반역 사건의 사실 여부를 두고 논란이 많았지만, 이를 계기로 남인(南人) 정권이 무너지고 다시 서인(西人)이 집권하게 되었다. 심

서책

경행록(景行錄) : 중국 송나라 때에 지어진 책으로 알려져 있지만 저자가 누구인지는 분명하지 않다. 책 또한 전하지 않고 내용의 일부만을 이곳 저곳에서 볼 수 있을 뿐이다.

於我善者도 **我亦善之**하고
어아선자　아역선지

於我惡者도 **我亦善之**니라
어아악자　아역선지

我旣於人에 **無惡**이면 **人能於我**에 **無惡哉**인저
아기어인　무악　인능어아　무악재

〈莊子〉

나에게 선하게 하는 사람에게도 내 또한 선하게 하고, 나에게 악하게 하는 사람에게도 내 또한 선하게 할 것이다.

내가 이미 남에게 악하게 함이 없으면 남도 나에게 악하게 함이 없을 것이다. **장자**

해 설

악 또한 선으로 대하면 악한 마음을 가졌던 이의 마음이 허물어지고, 선한 마음으로 돌아오게 된다. 미움을 미움으로 대하면 싸움이 되는 것이니, 싸움은 씻지 못할 육체적 · 물질적 · 정신적 앙금을 가져오고, 증오와 복수를 낳아 끊임없는 악의 순환을 가져온다. 손자 병법에서도 싸우지 않는 것이 최고의 병법이라고 하였다. 서로 용서하고 화해하는 것이 인간을 인간답게 하는 최고의 방법인 것이다.

한자 풀이

- **於**(어) : ~에, ~에게(전치사)
- **亦**(역) : 또, 또한. 亦是(역시)
- **旣**(기) : 이미, 벌써. 旣往(기왕)
- **哉**(재) : 의문 종결사, 감탄 종결사.

예화

중국 춘추 전국 시대의 이야기이다.

조(趙)나라 왕이 천하에 제일 가는 보물 화씨지벽(和氏之璧: 초나라 사람 화씨가 밭을 갈다 얻은 크고 아름다운 옥)을 얻었는데, 진(秦)나라 왕이 욕심을 내어 15개 성과 바꾸자고 청하였다. 당시에 강성한 진나라 왕이 청하니 응하지 않을 수 없어 조왕이 인상여(藺相如)에게 그 대책을 물었다.

인상여가 대답하기를

"진나라가 성과 맞바꾸자고 하는데 화씨지벽을 주지 않으면 잘못이 우리에게 있고, 주었는데도 성을 주지 않으면 잘못이 진나라에 있게 됩니다. 제가 화씨지벽을 받들고 가서 진나라가 성을 주지 않으면 다시 가지고 돌아오겠습니다."

인상여가 진나라에 가서 진왕을 만나 보니 조나라에 성을 주기는커녕 보물만 차지하려는 속셈이었다. 인상여는 하는 수 없이 꾀를 내어 진왕을 속이고 화씨지벽을 무사히 조나라로 다시 가지고 돌아왔다. 조왕과의 약속을 지킨 것이다.

그 뒤에 진왕과 조왕이 하외(河外: 황하강 남쪽의 땅)에서 외교적인 모임을 가졌는데, 잔치가 무르익자 진왕이 조왕의 비파(琵琶: 둥근 몸에 자루가 달린 넉 줄짜리 현악기) 소리가 듣고 싶다고 비파 타기를 요청하였다.

조왕은 내심 불쾌하였지만 막강한 진왕의 청인지라 마지못해 비파를 탔다. 한 나라의 왕으로서 상대의 요구에 억지로 순종하는 모습을 보인 것은 외교적으로 매우 부끄러운 일이었다.

이 모습을 지켜 본 인상여가 곧바로 진왕에게 부(缶: 장구 비슷한 악기)를 치기를 청하였다. 하지만 진왕이 치려고 하지 않았다. 이에 인상여가 진왕에게 말하였다.

"왕과 저는 지금 다섯 걸음 이내의 가까운 거리에 있습니다. 제가 저의 목을 찔러 그 피를 대왕에게 뿌릴까 합니다."

진나라 신하들이 칼을 뽑아 들고 인상여를 공격하려 하자, 인상여가 눈을 부릅뜨고 꾸짖으니 그 위엄에 눌리어 신하들이 모두 주저앉았다.

진왕이 어쩌지 못하고 한번 부(缶)를 치고는 연회를 끝냈다. 진왕이 이런 모욕을 당했으나 조나라가 엄중하게 방비하니 진나라가 감히 움직이지 못하였다.

조왕이 귀국하여 인상여를 상경(上卿)으로 삼았다. 이는 조나라 대장군 염파(廉頗)보다 높은 지위였는데 이를 못마땅히 여긴 염파가 말하기를,

"나는 수많은 전쟁터에서 목숨을 걸고 나라를 지켰다. 인상여는 고작 몇 마디 말로써 나보다 높은 지위를 차지했으니 인상여를 만나면 반드시 욕을 보이겠다."

라고 하였다.

인상여가 그 말을 전해 듣고서 행여 마주칠까 봐 항상 염파를 피하였다.

심지어는 길에서 염파의 행차와 맞부딪치게 되면 멀리서부터 다른 길로 바꾸어 피하기까지 하였다. 염파는 인상여를 '겁쟁이'라 하였다. 시종들이 부끄럽게 여겨 그 이유를 물으니 인상여가 대답하였다.

"자네들이 보기에 염파 장군이 진왕(秦王)보다 더 위엄이 있는가? 나는 진왕의 위엄 앞에서도 굴하지 않았고 그 신하들을 꾸짖었다. 그런 내가 염파 장군을 두려워하겠는가? 내가 생각하건대 강성한 진나라가 우리 조나라에 싸움을 걸지 못하는 이유

는 우리 두 사람이 있기 때문이다. 이제 두 호랑이가 싸우게 되면 둘 다 살아남지 못한다. 내가 이렇게 피하는 것은 국가의 급선무를 우선하고 사사로운 감정을 뒤로 하기 때문이다."

염파가 이 말을 듣고서 자신이 그 동안 얼마나 속좁은 생각을 하고 있었는지를 깨달았다. 또 그러한 자신을 나무라지 않은 인상여의 인품에 깊이 감동하였다.

그리하여 마침내 두 사람은 문경지교(刎頸之交:설사 목이 달아날지라도 마음이 변치 않을 만큼 친한 교제)를 맺었다고 한다. 쉼

인 물

장자(莊子) : B.C.365-B.C.290. 중국 춘추 시대 송(宋)나라 사람으로 이름은 주(周). 그의 주장이 노자(老子) 사상에 기초를 두었으므로 함께 노장(老莊)이라 불려지는데, 인위적인 세계관을 부정하고 무위 자연의 세계관을 주장하였다.

一日行善이면 福雖未至나 禍自遠矣요
일 일 행 선 　 복 수 미 지 　 화 자 원 의

一日行惡이면 禍雖未至나 福自遠矣니라
일 일 행 악 　 화 수 미 지 　 복 자 원 의

〈東嶽聖帝垂訓〉

하루 선을 행하면 복은 비록 이르지 아니하나 재앙은 저절로 멀어지고,
하루 악을 행하면 재앙은 비록 이르지 아니하나 복은 저절로 멀어진다. 동악성제수훈

해　설

선과 악의 갈림길에서 선을 향해 가면 악으로부터 멀어지고, 복과 재앙의 갈림길에서 재앙을 향해 가면 복으로부터 멀어지는 것은 당연한 일이다. 날마다 집안을 청결하게 하면 금방 건강해지지는 않겠지만 병균이 침입하기가 어려울 것이요, 항상 불결하게 내버려 두면 금방 병에 걸리지는 않겠지만 건강과는 멀어지게 될 것이다.

한자 풀이

- 雖(수) : 비록, ~ 라 하더라도.
- 未(미) : 아니다, 아직 ~하지 않다. 未完成(미완성)
- 至(지) : 이르다, 지극하다.
- 遠(원) : 멀다. 遠近(원근)

예화

조선 인조 때 사람 조석윤(趙錫胤 1605-1654)은 매사에 신중하고 예의가 바른 사람이었는데, 진주 목사로 부임했을 때는 상관인 병사(兵使 : 병마 절도사의 준말, 지역 사령관)에게 매일 새벽이면 꼭꼭 문안(問安 : 안부를 물음)을 드렸다.

그러자 병사는 조석윤의 인사를 받기 위하여 늦잠을 못 자고 일찍 일어나는 것이 몹시 괴로웠다. 그래서 제발 아침 문안을 그만두어 달라고 사정을 하였다. 그러나 조석윤은 그 이튿날도 여전히 문안을 하며 이렇게 말하였다.

"제가 병사께 새벽 문안을 드리는 것은 병사 개인을 위해서가 아니라, 나라의 벼슬이 존귀함을 보이려는 것입니다. 그러니 피차 번거롭더라도 그만둘 수가 없습니다."

조석윤이 젊었을 때, 그의 집은 지금의 시흥이었다. 노량진에서 배를 타고 한강을 건너 다녔는데, 하루는 조석윤의 아버지에게 이웃 사람이 와서 큰일이 났다고 알렸다.

"오늘 정오에 제가 한강을 건너면서 보니, 댁의 아드님이 탄 배가 물결에 휩쓸려서 뒤집혀 배에 탄 사람 모두가 강물에 빠져 한 사람도 살아남지 못했습니다. 어서 가셔서 시체라도 찾으시지요."

"내 아들이 오늘 집에 올 날인데 지금까지 오지 않은 것을 보니 이상스럽긴 하다. 그러나 그 아이는 평소 경솔한 행동을 하지 않고 매사에 신중했다. 자네가 잘못 보았을 것이다."

"그렇지 않습니다. 제가 분명히 그 배에 타는 것을 보았습니다."

"그럴 리 없다. 나는 내 아들을 믿는다."

이러고 있는데 대문이 열리면서 조석윤이 들어서는 것이었다.

"제가 처음에 그 배를 탄 것은 틀림없습니다. 그러나 배에 사람과 소를 너무 많이 태운 것을 보고는 위험한 생각이 들어 곧 내려 다음 배를 기다렸다가 이제 오는 길입니다."

모든 결과에는 반드시 원인과 까닭이 있다. 평소 경솔한 행동을 하지 않고 매사에 신중했던 점이 바로 조석윤을 재앙으로부터 멀어지게 한 까닭이다.

서책

동악성제수훈(東嶽聖帝垂訓): 동악성제는 도교의 성인. 이 책은 그의 가르침을 모은 것으로 보이나, 지금은 전하지 않는다.

見善如不及하고 見不善如探湯하라
견 선 여 불 급　　　견 불 선 여 탐 탕

〈孔子〉

선한 일을 보면 미치지 못하는 것처럼 하고,
악한 일을 보면 끓는 물을 만진 것처럼 하라. 공자

해 설

선한 일을 보면 달리기 시합을 할 때처럼 앞에 달려가는 사람을 따라잡으려 하듯이 하고, 악한 일을 만나면 끓는 물을 만졌을 때처럼 '이크' 하며 멀어져야 한다는 말이다.

달리기 시합을 할 때나 끓는 물을 만질 때는 우리가 당연히 본능적으로 그렇게 하겠지만, 실제 생활에서 선과 악을 만날 때는 이해 관계에 따라 판단하는 때가 선악을 구분지어 판단하는 때보다 더욱 많다. 선에 가까이 가는 일도 악으로부터 멀어지는 일도 많은 시간과 정성을 기울여 노력해야만이 이룰 수 있다.

한자 풀이

- 探(탐) : 더듬다, 염탐하다. 探偵(탐정)
- 湯(탕) : 끓다, 끓이다. 湯麵(탕면)

예화

조선 선조 때 사람 정협(鄭協 1561-1611)은 천성이 어질고 도량이 넓었다. 평생에 덤벙대는 행동이나 당황한 기색을 나타내지 않았고, 사무를 처리할 때에도 항상 온화한 마음으로 하였다.

어느 해 겨울 그가 어렸을 적에, 길거리에서 거지가 거의 얼어 죽게 된 것을 보고 입었던 도포를 벗어 준 일도 있었다. 또 최인범이라는 친구가 죽었을 때에는 그 집이 가난하여 장사를 치르지 못하자, 정협은 자기 아버지가 타던 초헌(軺軒: 고관이 타던 수레)에 깔던 호랑이 가죽을 부의(賻儀: 초상이 난 집에 부조로 보내는 돈이나 물건)로 보내서 관(棺)을 사게 하기도 하였다.

정협이 임진왜란을 만나 식구들을 데리고 난리를 피하여 가던 중, 한 나루에 도착하여 뱃삯을 물어 보니 너무 비싸게 부르는 것이었다. 이렇게 뱃삯이 비싸니 피난하는 사람들이 늙은 부모와 처자식과 함께 강변에 앉아 종일 건너지 못하고 있었다.

정협은 이를 불쌍히 여겨 뱃사공을 불러 즉시 행장 속의 옷을 모두 꺼내어 사람들의 뱃삯을 대신 지불하였다. 그리고 사람들을 먼저 건네 보낸 뒤, 마지막으로 자기 식구들과 건넜다. 이러한 그의 선행에 감복한 뱃사공이 뱃삯을 도로 내주었으나 정협은 받지 않았다.

뱃사공으로부터 정협이 뱃삯을 내준 사실을 전해 들은 사람들은 모두 감격하였다.

없는 사람을 불쌍히 여기는 의리와 남을 구제하려는 착한 마음은 천성 그대로였으며 조금의 가식도 없었다. 그런 일은 전란 중에 누구도 할 수 없는 일이었다. 심

천명편

(天 命 篇)

이 편은 '천명(天命 : 하늘의 이치)에' 대한 선인(先人)들의 말씀을 모은 것이다. 천명은 엄정하므로, 늘 천명을 염두에 두고 언행에 조심하여야 되겠다.

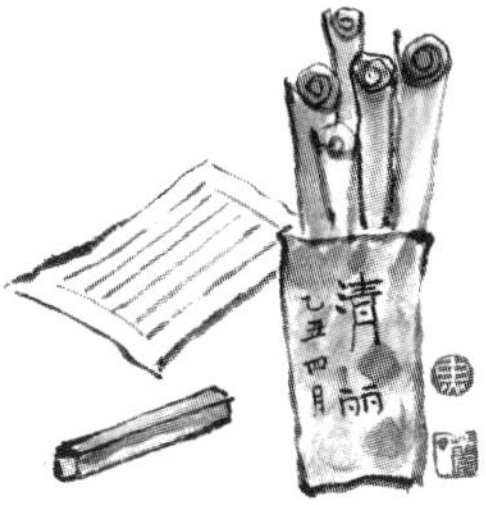

順天者는 **存**하고 **逆天者**는 **亡**이니라
순 천 자 　 존 　 　 역 천 자 　 망

〈孟子〉

하늘의 이치를 순종하는 자는 살아남고,
하늘의 이치를 거스르는 자는 망한다. **맹자**

해 설

사람들이 사회의 질서를 유지하기 위해 만든 규범을 '법'이라고 한다. 자연의 질서를 유지하는 하늘의 이치를 '천명'이라고 한다. 천명은 법처럼 강제적이지는 않지만, 모든 사람들이 따라야 하는 최고 가치이다. 자연의 질서를 어기면서 발전한 개인이나 국가는 동서고금 어디에서도 찾아볼 수 없다. 선한 본성을 따라 성실히 산다면 이것이 곧 천명을 따르는 것이며 도덕의 근원을 좇아 사는 것이 아니겠는가?

한자 풀이

- **孟**(맹) : 맏, 맏이. 孟母三遷(맹모삼천)
- **順**(순) : 순하다, 따르다. 順從(순종)
- **存**(존) : 있다. 存在(존재)
- **逆**(역) : 거스르다, 배반하다. 逆賊(역적)
- **亡**(망) : 망하다, 숨다, 죽다. 亡國(망국)

예화

98년 여름, 폭우(暴雨)로 전국이 큰 어려움을 겪었다. 자연 재해는 인간의 힘으로는 어쩔 수 없다고도 말한다.

하지만, 그 폭우로 인한 수해는 인간의 욕심이 자연의 질서를 무너뜨려 재앙을 불러들인 결과이다. 계곡의 물 흐름을 막아 그 자리에 음식점과 각종 놀이 시설을 만들고, 하천 밑바닥에 쌓인 흙과 모래는 제거하지 않은 채 제방만 쌓으니, 물이 흘러갈 곳을 찾지 못해 결국 넘쳐 버린 것이다.

또한 '엘니뇨' 니, '라니냐' 니 하여 세계적으로 기상 이변이 속출하고 있는데, 이런 현상은 사람이 자연의 질서를 거역하여 생태계를 무너뜨리고 오존층을 파괴하는 행위에서 비롯된 것이다. 우리 나라에 내린 폭우 역시 그 연장선상에서 일어난 일이다.

자연 현상에서도 그러하지만, 인간 사회에서도 자신의 이익을 위해 남을 해치고 시기하고 모략하는 행위 역시 자연의 질서를 유지하는 하늘의 이치를 거역하는 것이다. 삽

인 물

맹자(孟子) : B.C.372-B.C.289. 중국 전국 시대의 사상가. 이름은 가(軻), 자는 자여(子輿). 공자의 인(仁) 사상을 발전시켜 인의예지 네 가지 덕이 인간의 본성이라고 정의하였으며, 인간 본성이 착하다고 하는 '성선설' 을 주장하였다. 그러나 아무리 착한 본성이 있다 하더라도 그대로 방치하면 황폐화되기 쉽기 때문에 이를 잘 보존하기 위하여 후천적인 교육이 필요하다고 역설하였다.

天聽이 **寂無音**이라 **蒼蒼何處尋**고
천 청　적 무 음　창 창 하 처 심
非高亦非遠이라 **都只在人心**이니라
비 고 역 비 원　도 지 재 인 심　〈邵康節〉

하늘의 들으심은 조용하여 소리가 없다. 푸르고 푸르른데 어느 곳에서 찾을까? 높지도 않고 또한 멀지도 않다. 모두가 다만 사람의 마음 속에 있는 것이다. 소강절

해 설

하늘은 말이 없어 천심(天心)이 과연 어떠한지 알기가 어렵다. 그러나 우리가 마음을 맑게 하여 고요히 생각해 보면 하늘의 뜻을 느낄 수 있다. 그렇기 때문에 '인심즉천심(人心卽天心: 인심이 곧 천심이다)' 이라는 말이 있는데, 이는 천심이 인간의 본성에 내재해 있음을 단언한 말이다.

한자 풀이

- **聽**(청): 듣다, 받아들이다. 聽覺(청각)
- **寂**(적): 고요하다, 쓸쓸하다. 寂寞(적막)
- **無**(무): 없다, 말다. 無敵(무적)
- **音**(음): 소리. 音聲(음성), 音樂(음악)
- **蒼**(창): 푸르다, 어슴푸레하다. 蒼空(창공)
- **高**(고): 높다, 뽐내다. 高次元(고차원)

예화

다산(茶山) 정약용(丁若鏞 1762-1836)의 글, 중용자잠(中庸自箴) 중 한 토막이다.

하늘의 말씀은 도심(道心: 착한 마음)에 깃들어 있으니, 도심의 경고가 곧 하늘의 명령이요 가르침이다. 남들은 듣지 못해도 나는 분명히 듣는다. 그보다 자상하고 엄중할 수 없음이 마치 임금의 명령이나 스승의 가르침과도 같으니, 어찌 다만 말로 인도할 뿐이겠는가?

선하지 않은 일을 도심이 부끄러워하니, 부끄러움의 발단이 하늘의 자상한 가르침이다.

선하지 않은 행동을 도심이 이를 뉘우치니, 뉘우침의 발단이 하늘의 간절한 명령이다. 십

인 물

소강절(邵康節) : 1011-1077. 중국 송(宋)나라의 학자 · 시인. 성은 소(邵), 이름은 옹(雍), 자는 요부(堯夫), 호는 안락 선생(安樂先生), 시호는 강절(康節). 그는 당시의 대 사상가인 주렴계, 정명도, 정이천과 함께 도학(道學)의 중심 인물로 일컬어졌다.

人間私語라도 **天聽**은 **若雷**하고
인간사어 천청 약뢰

暗室欺心이라도 **神目**은 **如電**이니라
암실기심 신목 여전

〈玄帝垂訓〉

사람 사이의 사적인 말이라도 하늘이 듣는 것은 천둥과 같고, 어두운 방에서 마음을 속일지라도 귀신이 보는 것은 번개와 같다.

현제수훈

해 설

보이지 않는 곳에서 부정 행위를 행하여 성적 등위를 올렸다고 하여, 실제 성적이 올라간 것이겠는가? 보는 이가 없다고 남의 물건을 훔치고, 남을 헐뜯는 것이 자기 자신에게 무슨 도움이 되겠는가?

하늘은 보이지는 않지만 언제나 어디서나 우리를 지켜보고 있다. 어떻게, 보인다고 선을 행하고 보이지 않는다고 악을 행할 수 있겠는가!

한자 풀이

- **間**(간) : 사이, 틈. 間隔(간격)
- **雷**(뢰) : 우레, 천둥. 雷聲(뇌성)
- **暗**(암) : 어둡다. 몰래. 暗黑(암흑)
- **室**(실) : 집, 방. 室內(실내)
- **欺**(기) : 속이다, 거짓. 欺瞞(기만)
- **電**(전) : 번개, 번쩍이다. 電光石火(전광석화)

예화

치재(耻齋) 홍인우(洪仁祐 1515-1554)는 조선 시대 대학자 화담 서경덕과 퇴계 이황의 제자로서, 평생 벼슬에 뜻을 두지 않고 학문에만 전념하였다.

그는 항상 어두운 곳에 혼자 있어도 흐트러진 모습을 보이지 않고 더욱 바른 태도를 갖추었다. 그의 아내가

"어째서 이렇게까지 경건하게 생활하십니까?"

하고 묻자, 다음과 같이 대답하였다.

"위에서는 하늘이 환히 보고 계시고, 아래에서는 땅이 내 몸을 싣고 계시며, 유계(幽界: 어둠의 세계, 저승)에는 귀신이 넘쳐나고, 명계(明界: 현실 세계, 이승)에는 처자식이 곁에 있으니 어찌 경건(敬虔)하지 않을 수 있겠소?" 실

서책

현제수훈(玄帝垂訓): 현제는 도가(道家)의 한 사람이고 수훈은 그의 가르침으로 보이는데, 지금 이 책은 전하지 않는다.

惡鑵이 若滿이면 天必誅之니라
악관 약만 천필주지

〈益智書〉

나쁜 마음이 가득 차면 하늘이 반드시 죽인다. 익지서

해 설

잘못된 마음을 교묘한 언행으로 아무리 속인다 할지라도, 어느 시점에 이르러 두레박이 차면 넘치듯이 드러나게 되는 법이다. 잘못이 오래 계속되면 악한 습성이 되어서 숨기기도 고치기도 힘들어지는 것인데, 혹 사람을 속이고 억누를 수는 있겠지만 잘못은 언제 어디에서나 잘못이다. 또한 하늘을 속일 수는 없는 법이다.

한자 풀이

- 益(익) : 더하다, 유익하다. 益者(익자)
- 智(지) : 지혜, 슬기롭다. 智德(지덕)
- 鑵(관) : 두레박, 그릇.
- 滿(만) : 차다, 가득하다. 滿員謝禮(만원사례)
- 誅(주) : 베다, 죽이다. 誅殺(주살)

예화

강원도 태백시에 가면 시내 한복판에 낙동강의 발원지라는 황지연(黃池淵)이 있다. 물이 맑고 그 양 또한 많아 어떻게 시내 한가운데에 이런 못이 있을까 하고 의구심이 들 정도이다. 그런데 이 연못에는 다음과 같은 전설이 깃들어 있다.

옛날에 황씨(黃氏) 부자가 살고 있었다. 마을에서 경작하는 농토와 산이 대부분 황부자의 것이었고, 소며 개 등의 가축도 그 수를 헤아릴 수 없을 만큼 많았다. 그러나 사람됨이 매우 인정이 없고 야박하여 매사에 이익만을 따지는 것이었다.

하루는 어떤 스님이 문을 두드렸다.

"밥 한 그릇만 시주하시지요."

배가 고파 겨우 지팡이에 의지하고서 시주를 비는 스님을 빤히 쳐다보던 황부자, 스님을 외양간 옆으로 불러 세우고는 바랑을 열어 소똥을 잔뜩 퍼담으면서 이렇게 말하였다.

"옛수. 줄 밥은 없고 똥은 많이 있으니 이거나 가져가구려!"

스님은 아무 말 하지 않고 조용히 그 집을 물러 나왔다. 그런데 처음부터 그 모양을 지켜보던 며느리가 시아버지의 소행을 너무 미안하게 여겨 몰래 스님을 쫓아가 밥 한 그릇을 건넸다.

"스님, 저희 시아버님은 본래 그런 분이오니 너무 괘념하지 마시고 이걸 드세요."

밥을 받아 든 스님은 다음과 같이 말했다.

"고맙소. 이 집은 운이 다하여 이제 곧 멸망할 것입니다. 그대는 이 길로 어떠한 일이 있어도 뒤를 돌아보지 말고 이 집에서 멀리 달아나도록 하시오."

말을 마친 스님은 연기처럼 사라졌다.

며느리는 스님의 말을 듣고 등에 아기를 업은 것도 잊은 채 죽을 힘을 다해 앞으로 내달렸다. 얼마쯤 갔을까, 뒤에서 갑자기 하늘이 갈라지는 듯한 소리가 들리자 깜짝 놀란 며느리는 그만 자신도 모르게 스님의 말을 잊고 뒤를 돌아보고 말았다. 그 순간 며느리는 등에 업은 아기와 함께 그 자리에서 돌이 되어 버렸으며, 며느리를 따라가던 강아지 한 마리도 역시 돌이 되어 버렸다. 그리고 황부자 집이 있던 자리는 연못이 되어 물이 솟아나기 시작했는데, 그곳이 바로 황지연이라는 전설이다.

지금 황지연에 가 보면 한편에 아기를 업은 채 황부자 집 쪽으로 고개를 돌리고 서 있는 며느리와 함께 역시 집 쪽으로 고개를 돌리고 있는 개 한 마리가 조각되어 있다.

서책

익지서(益智書): 송(宋)나라 때 만들어진 교양에 관한 책으로 알려져 있으나, 자세한 것은 알 수 없다.

若人作不善하여 得顯名者는
약 인 작 불 선 득 현 명 자

人雖不害나 天必戮之니라
인 수 불 해 천 필 륙 지

〈莊子〉

만일 사람이 선하지 못한 일을 해서 훌륭한 이름을 얻는 자는, 사람이 비록 해치지 않더라도 하늘이 반드시 죽인다. 장자

해 설

명예나 돈을 위하여 겉으로만 착한 체하는 사람을 위선자(僞善者)라고 한다.

선을 행하기는 하되 거짓으로 하는 사람, 사실 이런 사람은 악을 행하는 사람보다 더 나쁜 사람이라고 할 수 있다.

왜냐 하면 사람들을 속여 명예를 훔쳤기 때문이다.

한자 풀이

- 作(작) : 짓다, 일어나다, 행하다. 作業(작업)
- 得(득) : 얻다, 이득. 得失(득실)
- 顯(현) : 나타나다, 영달하다. 顯職(현직)
- 害(해) : 해치다, 상처입히다. 害毒(해독)
- 戮(륙) : 죽이다, 욕되다. 戮屍(육시)

예화

조선 광해군 때 권세가 대단한 당상문관(堂上文官: 정3품 이상의 문관) 한 사람이 있었는데, 그는 권세를 믿고 백성의 재물을 마구 거둬들였다. 그래서 백성들이 나라에 바치는 공물(貢物)을 자기가 대신 바친 뒤에 백성들에게는 더 거두어 내는 일이 한두 번이 아니었다. 언젠가는 이런 일도 있었다. 황해도의 황주(黃州)에서 나라에 바치는 공물은 원래 면포 50동으로 되어 있었다. 그런데 병사(兵使)가 잘 보이기 위하여 5동을 더 거두어 당상문관에게 보냈다.

그러나 당상문관은 그 공물을 해당 관청에 납입할 생각을 하지 않았다. 백성들로부터 더 받아 낸 5동은 착취하더라도, 공물 50동은 납입을 해야 하는데도 전부 착취를 한 것이었다. 그래서 관청에서는 황해 감사에게 공문을 보내어 빨리 보내라고 재촉하게 되었고, 또 황주에서는 당상문관의 집으로 사람을 보내어 빨리 바치라고 재촉을 했으나 도리어 권력으로 잡아 가두었기 때문에 아무도 입을 열지 못하였다. 하지만 당상문관은 겉으로는 백성을 사랑하고 나라를 위한 정치를 해야 한다고 주장하면서 자신을 비판하는 사람들을 모략으로 제거하니, 사정을 모르는 사람들은 오히려 그를 훌륭한 신하라고 칭찬하기까지 하였다. 그러나 하늘은 속이지 못하는 것, 나라의 질서가 바로 서면서 당상문관의 죄상이 밝혀지고 끝내 먼 시골로 귀양을 가고 말았다. 그뿐 아니라, 역적들의 진술에서 당상문관 부자(父子)가 관련되어 있다는 말이 나와 감옥에 갇히게 되었으며, 남아 있던 좋은 집마저 권세 있는 집안에 팔리는 등 재산이 조금도 남지 않았다. 그 뒤 그의 아들 또한 초췌한 몰골로 각지를 떠도는 신세가 되고 말았다고 한다. 심

種瓜得瓜요 種豆得豆니
종과득과 종두득두

天網이 恢恢하여 疎而不漏니라
천망 회회 소이불루 〈莊子〉

오이를 심으면 오이를 얻고 콩을 심으면 콩을 얻으니,
하늘의 그물이 넓고 넓어서 성글지만 새지 않는다. 장자

해 설

오이를 심었는데 수박이 나고, 콩을 심었는데 팥이 나온다면 어떻게 될까? 아마 우리는 자연의 질서가 무너진 것에 당황하여 어찌할 줄 모를 것이다. 마찬가지로 악을 저질렀는데 상을 주고, 선을 행하였는데 벌을 준다면 어떻게 될까? 사회 질서가 무너져 당장 큰 혼란에 빠질 것이다.

인간의 사회도 그러한데 하늘의 질서는 더 말할 나위가 있겠는가. 당장 복을 받거나 화를 입지는 않지만, 언젠가는 뿌린 대로 거두게 되는 것이다.

한자 풀이

- **種**(종): 심다, 씨, 무리. 種苗(종묘)
- **豆**(두): 팥, 콩.
- **網**(망): 그물, 법, 규칙. 網絲(망사)
- **恢**(회): 넓다, 크다. 恢弘(회홍)
- **疎**(소): 성글다, 통하다. 疎遠(소원)
- **漏**(루): 새다, 드러나다, 틈. 漏泄(누설)

예화

정승 홍서봉(洪瑞鳳 1572-1645)이 젊었을 때, 그의 집은 매우 가난하여 거친 밥과 나물국도 떨어질 때가 많았다. 하루는 홍서봉의 어머니가 계집종에게 고기를 사오게 하였는데, 사온 고기의 색을 보니 심하게 상해 있었다. 그의 어머니는 계집종에게 묻기를

"팔려는 고기가 얼마나 있더냐?"

하고, 머리 장식을 팔아서 돈을 마련하여 계집종에게 그 고기를 다 사오게 해서는 담장 아래에 묻었다.

이는 다른 사람들이 사 먹고 병이 날까 걱정해서 그렇게 한 것이다.

홍서봉이 말하기를

"어머님의 이 마음이 하늘을 감동시켜 자손이 반드시 번성할 것입니다." 십

獲罪於天이면 **無所禱也**니라
획 죄 어 천　　무 소 도 야

〈孔子〉

하늘에 죄를 얻으면 빌 곳이 없다. 공자

해 설

성경 창세기에는 '소돔과 고모라' 이야기가 있다. 하느님의 말씀이 부정되고 온갖 악행이 자행되던 두 도시를 하느님께서 직접 멸망시켰다는 내용이다.

하늘에 대한 외경심(畏敬心)은 우리를 사람답게 하는 중요한 마음이다.

우리는 늘 아무에게도 도움을 청할 수 없는 지경에 이르면 '하느님'에게 구원의 손길을 요청한다. 그런데 평소에 하늘에 불경했다면 과연 구원을 요청할 수 있겠는가?

한자 풀이

- 獲(획): 얻다, 손에 넣다. 獲得(획득)
- 於(어): 영어의 전치사와 같은 역할을 하며 '-에, -에서, -에게, -보다'의 뜻으로 쓰인다.
- 禱(도): 빌다, 기도하다.

예화

봉석주(奉石柱)는 수양대군이 정권을 잡게 하는데 공이 있었던 정난 공신(靖難功臣)으로, 정2품의 높은 지위에까지 오른 사람이다. 그는 용감하고 날래었으며 격구(擊毬)에 있어서 당시 군사들의 으뜸이었고, 활도 아주 잘 쏘았다. 그러나 사람됨이 탐학무도하여 날이 갈수록 재물에 욕심을 부리기 시작하였다.

침공(針工)을 불러 술대접을 하고 바늘 몇 십 개를 얻어 각 지방에 하인을 내려 보내어, 사람들에게 바늘 한 개씩을 주고 달걀 한 개씩을 샀다. 그 달걀을 도로 그 사람에게 주고 가을이 되면 큰 어미 닭을 바치게 하였다. 만약 그 일에 순종하지 않는 사람이 있으면 매질을 하고 모욕하여 못하는 짓이 없었다.

또 많은 못을 가지고 강의 상류로 하인들을 보내서, 남이 산 속에 벌목해 놓은 나무에 몰래 못을 박게 하였다. 그리고는 벌목꾼들의 나무가 강을 따라 내려오면 이렇게 외치는 것이었다.

"이것들은 모두 내 나무이다."

억울한 나무 주인이 항의를 하면 이렇게 억지를 쓰는 것이었다.

"네 나무에는 무슨 표가 있느냐? 내 나무에는 모두 그 머리에 못이 박혀져 있다."

그래서 그 재목들을 조사해 보면, 과연 그의 말대로 나무의 머리에 못이 박혀져 있어 아무런 항의도 하지 못한 채 나무를 모두 빼앗기게 되는 것이었다. 이런 간악한 방법으로 남의 재물을 빼앗는 일이 셀 수 없이 많았다.

조정에서 여름이 되면 얼음 창고를 열어 신하들에게 얼음을 나누어 주었는데, 하인이 없는 신하는 얻어오지 못하는 경우도 있었다. 봉석주는 그들에게 사정하여 대신 얻어와서 시장에 내다 팔아 이득을 취하기도 했다.

그가 전라도 수군 절도사(수군 사령관)로 있을 때에는 많은 군졸들을 동원하여 섬에 밭을 일구고 깨와 목화를 심게 하였다. 그리하여 교체되어 돌아올 때에는 배에 농작물이 가득 실려져 있었다.

이런 까닭으로 큰 돈을 모았으며 쌓아둔 곡식 창고가 국가의 창고 같았다. 그리고 그는 주색잡기에 골몰하며, 자신의 재산을 지키기 위해 힘센 하인을 뽑아 모았는데 이는 반역죄에 해당하는 것이었다. 그리하여 그는 역적으로 몰려 사형을 받았다. 사람들은 아무도 그의 죽음을 슬퍼하지 않았다. ㉠

참고

격구(擊毬) : 기격구(騎擊毬)와 보격구(步擊毬)가 있다. 기격구는 말을 타고 달리며 긴 막대로 공을 쳐서 문에 넣는 경기이며, 보격구는 뛰어다니며 막대로 공을 쳐서 땅에 파놓은 구멍에 넣는 경기이다.

순명편

(順 命 篇)

이 편은 '운명[命]에 순종[順]하라'는 선인(先人)들의 말씀을 모은 것이다. 천지 자연의 이치를 순종하고 분수를 지키면, 자연 마음과 몸이 편해진다.

死生이 **有命**이요 **富貴**는 **在天**이니라
사 생 유 명 부 귀 재 천

〈孔子〉

죽고 사는 것은 명에 있고, 부하고 귀한 것은 하늘에 있다.

공자

해 설

죽음은 참으로 두려운 대상이다. 그러나 정해진 하늘의 뜻을 따르며 본연의 일에 충실하면서 살아간다면 결코 두려운 것이 아니다. 바로 진인사 대천명(盡人事待天命: 최선을 다하고 운명을 기다림)의 자세가 그것이다.

부귀는 참으로 선망의 대상이다. 그러나 분수에 지나친 욕심을 부려 비열한 수단으로 그것을 얻으려 한다면 도리어 화를 부른다. 그 이치를 알아 절제한다면 바로 이것이 참된 삶이다.

한자 풀이

- **命**(명): 목숨, 명령, 운수. 命運(명운)
- **富**(부): 넉넉하다, 풍성하다. 富者(부자)
- **貴**(귀): 소중하다, 신분이 높다. 貴人(귀인)
- **在**(재): 존재하다, ~에 있다. 存在(존재)

예화

하루는 초(楚)나라 왕이 장자에게 신하를 보내어 관직을 맡아 달라고 청했다.

장자는 이렇게 물었다.

"초나라에는 신령스런 거북이 있다고 들었소. 죽은 지 3천년이 되었는데도 왕은 거북을 비단에 싸서 묘당에 보관한다더군요. 그런데 그 거북은 이처럼 죽어서 귀하게 대접받기를 원했을까요, 아니면 진흙 속에 꼬리를 끌더라도 살기를 바랐을까요."

신하는

"물론 진흙 속에서라도 살기를 바랐겠지요."

라고 대답했다.

그러자 장자는 단호하게 말했다.

"그렇다면 돌아가시오. 나는 진흙 속에서 꼬리를 끌 작정이오."

장자는 자연의 질서에 순응하며 사는 삶이 가치 있는 것이라고 생각했던 것이다. 심

萬事分已定이어늘 浮生空自忙이니라
만 사 분 이 정　　　부 생 공 자 망

〈孔子〉

모든 일은 분수가 이미 정하여져 있는데,
세상 사람들이 부질없이 스스로 바쁘게 움직인다. 공자

해 설

사람은 천지 자연의 이치를 따라 자신의 할 바를 하며 사는 것이 최선의 삶이다.

분수를 잊고 자신의 욕망을 좇아 불나방처럼 날아드는 우(愚)를 범하지 말 것을 충고한 말이다.

꽃밭의 꽃들이 제각기 자신의 빛깔과 모습으로 피어나듯이, 우리는 우리의 모습으로 최선을 다해서 살 뿐이다. 장미가 아무리 예쁘게 보여도 채송화가 어찌 장미가 될 수 있을까. 채송화는 채송화대로, 장미는 장미대로 아름답게 피어나 조화를 이루고 사는 것이 세상이다.

한자 풀이

- 分(분) : 나누다, 분수. 安分知足(안분지족)
- 已(이) : 이미, 벌써, 그치다. 已往之事(이왕지사)
- 浮(부) : 물에 뜨다, 떠오르다. 浮沈(부침)
- 空(공) : 비다, 부질없다. 空然(공연)
- 忙(망) : 바쁘다, 조급하다. 忙中閑(망중한)

예화

옛날 중국 북방의 오랑캐(옛 중국에서 주변 국가를 얕잡아 부르던 말)와 경계선을 이루는 한 국경 도시에, 점을 잘 치는 어떤 노인이 살고 있었다. 그런데 어느 날 이 노인이 소중히 키워 오던 말이 국경을 넘어 달아났다. 마을 사람들이 이를 위로하자 노인은 아무렇지도 않은 듯 말했다.

"혹시 이 일이 복이 될지 누가 알겠소?"

과연 몇 달이 지나자 달아났던 말이 북방의 준마(駿馬: 뛰어난 말)를 데리고 돌아왔다.

마을 사람들이 몰려와서 이를 축하하자 노인은 이번에도 태연하게 말했다.

"이 일이 화가 될지 누가 알겠소?"

그리고 나서 얼마 후 말타기를 좋아하는 노인의 아들이 그 말을 타다가 떨어져 다리가 부러졌다. 마을 사람들이 또 달려와 이를 위로하자 노인은 역시 태연하게 말했다.

"이 일이 복이 될지 누가 알겠소?"

그로부터 일년 후 전쟁이 일어나, 마을 젊은이들은 모두 전쟁터에 나가 싸우다가 거의 죽고 말았다. 그러나 노인의 아들은 절름발이였기 때문에 싸움터에 끌려 나가지 않아 무사할 수 있었다.

이 이야기는 세상사를 너무 길흉화복으로 구분하지 말고, 주어진 환경에서 최선을 다하여 살라는 교훈을 담고 있다. 심

참고

이 이야기는 새옹지마(塞翁之馬: 변방 노인의 말)라는 고사 성어로 널리 알려져 있는데, 전화위복(轉禍爲福: 화가 바뀌어 복이 된다)이라는 의미도 담고 있다.

효행편

(孝 行 篇)

이 편은 '부모에 대한 자식의 도리인 효(孝)에' 관한 말씀을 모은 것이다. 효도를 행(行)하는 것이 모든 행실의 근본이 됨을 밝히고 있다.

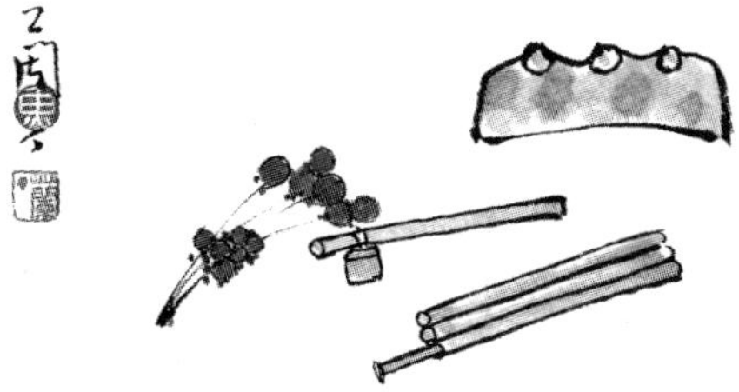

父兮生我하시고 **母兮鞠我**하시니
부 혜 생 아 모 혜 국 아
哀哀父母여 **生我劬勞**샷다
애 애 부 모 생 아 구 로
欲報深恩인대 **昊天罔極**이로다
욕 보 심 은 호 천 망 극 〈詩經〉

아버지 나를 낳으시고 어머니 나를 기르시니, 애닯다, 부모여! 나를 낳아 기르시느라 힘들고 고달프셨다. 그 깊은 은혜를 갚으려 한다면 하늘과 같아 끝이 없네. 시경

해 설

흔히들 결혼해서 자식을 낳아 길러 보아야 어버이의 마음과 노고를 안다고 한다. 또한 우리가 이 세상에 태어나, 태어난 그 상태인 원시인으로 살지 않고 문명인으로 살아가는 것은 무엇 때문일까. 그것은 교육 때문이다. 교육은 부모님으로부터 시작된다. 유아 교육, 가정 교육 그 사랑의 교육이 없었다면 오늘날 우리가 있었겠는가? 효는 인류 최고의 가치이다.

한자 풀이

- **兮**(혜) : 어조사, 노래 후렴.
- **鞠**(국) : 기르다, 곤궁하다. 鞠養(국양)
- **哀**(애) : 슬프다, 불쌍히 여기다. 哀傷(애상)
- **劬**(구) : 바쁘게 일하다, 애먹다.
- **昊**(호) : 하늘, 넓다.
- **罔**(망) : 없다.
- **極**(극) : 다하다, 끝, 한계. 極點(극점)

예화

실학자 담헌 홍대용(洪大容 1731-1783)의 말이다.

부모님 앞에선 반드시 얼굴빛을 순하게 하고, 말씨를 공손하게 하여 감히 큰소리를 내지 않고, 버릇없이 웃지 않으며, 아랫사람을 책망하지 않고, 코풀거나 침뱉지 않으며, 원한의 마음을 품지 않고, 성내는 표정을 짓지 말라.

음식에는 그 봉양을 다하고, 병환에는 그 근심을 다하며, 하시려고 하는 것을 생각하여 그에 따르며, 싫어하시는 것을 보아 버리기에 힘써라.

아아! 나를 낳고 기르며 가르치느라 수고하셨도다. 내가 하늘을 머리 위에 두고 땅에 몸을 싣고 살아가며, 처자식을 거느리며, 배불리 먹고 따뜻하게 입으며, 일신이 편안한 것은 과연 누구의 덕분인가?

부모를 버려 두고 섬길 줄 모르는 사람은 말할 것도 없지만, 섬기면서도 제때에 하지 못하거나 제때에 하되 그 도리를 다하지 못하면, 세월은 가는지라 어버이는 돌아가시고 인생은 다시 오지 않아 은혜에 보답할 길이 없으니, 가슴에 깊이 새길지어다. 심

서책

시경(詩經) : 삼경(三經)의 하나. 춘추 시대 민요를 중심으로 모은, 중국에서 가장 오래 된 시집. 삼천여 편을 공자가 305편으로 재편집했음.

참고

사서삼경(四書三經)은, 대학(大學) · 논어(論語) · 맹자(孟子) · 중용(中庸)의 사서와 시경(詩經) · 서경(書經) · 역경(易經 : 주역이라고도 함)의 삼경을 통틀어 가리키는 말이다. 조선은 유교(儒敎) 국가였는데 이 책들은 선비의 필수 교과서였다.

孝子之事親也에 居則致其敬하고 養則致其
효 자 지 사 친 야 거 즉 치 기 경 양 즉 치 기
樂하고 病則致其憂하고 喪則致其哀하고
락 병 즉 치 기 우 상 즉 치 기 애
祭則致其嚴이니라
제 즉 치 기 엄 〈孔子〉

효자가 어버이를 섬길 적에는 기거함에 그 공경을 다하고, 봉양할 때에는 그 즐거움을 다하고, 병이 드시면 그 근심을 다하고, 돌아가시면 그 슬픔을 다하고, 제사를 지낼 때에는 그 엄숙함을 다한다. 공자

해 설

효도하는 다섯 덕목을 예시한 말이다. '늘 공경하며, 즐겁게 해 드리며, 아프실 때는 근심을 다하며, 돌아가셨을 때에는 슬픔을 다하며, 제사에는 엄숙을 다하라.' 라는 공자의 말씀이다.

현대 문명의 신속과 편리에 익숙해진 우리는 몸소 행하는 효행을 소홀히 한다.

물질적인 것만으로 어버이에 대한 효도를 하려 한다면, 이는 진정한 효를 모르는 사람이다. 정성을 다하는 것, 이것이 효이다.

한자 풀이

- **則**(칙 · 즉) : 법, ~하면. 法則(법칙)
- **致**(치) : 바치다, 다하다. 致誠(치성)
- **憂**(우) : 근심하다, 걱정하다. 憂慮(우려)
- **喪**(상) : 죽다, 잃다. 喪服(상복)

예화

공자가 제(齊)나라로 가던 도중에 몹시 슬프게 우는 소리를 들었다.

공자가 마부에게 말하기를

"이 울음이 슬프기는 슬프나 초상당한 사람이 우는 울음은 아니구나."

조금 가노라니, 어떤 이상한 사람이 낫을 새끼로 동여매고 울고 있었다. 공자가 수레에서 내려 물었다.

"당신은 누구인가?"

"나는 구오자(丘五子)라는 사람이오."

"당신은 지금 초상당한 것도 아닌데 어째서 슬피 우시오?"

구오자는 말했다.

"나는 세 가지 실수를 저질렀는데, 이제야 깨달았으니 뉘우친들 무슨 소용이 있겠소?"

"세 가지 실수가 무엇인지 들려 줄 수 있겠소?"

"나는 젊었을 때 배우기를 좋아해서 천하를 두루 돌아다니다가 늦게 돌아와 부모를 잃었으니 이것이 첫번째 실수요, 커서 제(齊)나라 임금을 섬겼으나 임금이 교만하고 사치해서 선비들을 다 잃게 되어 신하로서의 도리를 다하지 못했으니 이것이 두 번째 실수요, 나는 평생 남과 사귀기를 좋아했으나 지금은 다 내게서 떠나 버렸으니 이것이 세 번째 실수입니다. 나무는 조용히 있고 싶지만 바람이 그치지를 않고, 자식은 부모를 봉양하고 싶지만 부모가 기다려 주질 않습니다. 오지 않는 것은 세월이요, 두 번 다시 볼 수 없는 것은 부모입니다. 그럼 저는 제가 갈 곳으로 가겠습니다."

하고 마침내 물로 뛰어들어 죽었다.

공자는 제자들을 둘러보며

"너희들은 잘 기억해 두어라. 이것은 충분히 교훈이 된다."
하고 말했다.

이 말을 들은 제자들 중 공자에게 하직하고 부모를 봉양하기 위하여 집에 돌아간 사람이 열 명 중에 세 명이었다.

父母在어시든 不遠遊하며 遊必有方이니라
부 모 재 불 원 유 유 필 유 방

〈孔子〉

어버이가 살아 계시면 멀리 놀러 가지 않으며,
놀 때에는 반드시 일정한 곳이 있어야 한다. 공자

해 설

부모가 자식에게 바라는 것은 첫째가 탈없음이요, 부귀 영화는 그 다음이다. 그러므로 자식된 이는 부모님이 걱정하시지 않도록 부모님에게 늘 소재를 알리어야 하며, 부모님의 시야를 벗어나 너무 멀리 가서 놀거나 걱정을 끼치는 일을 삼가야 한다. '신체의 터럭 하나 살갗 한 점이라도 손상할 수 없다. 이것이 효의 시작이다.' 라는 공자의 말씀을 새삼 생각하게 하는 구절이다.

한자 풀이

- **遠**(원): 멀다, 오래다. 遠近(원근)
- **遊**(유): 놀다, 여행하다. 遊戲(유희)
- **方**(방): 모, 방법, 방향. 方向(방향)

예화

고려 때 사람 문충(文忠)은 지극한 효성으로 어머니를 섬겼다. 오관산 영통사 계곡에 살았는데, 개경(開京: 고려의 수도, 지금의 개성)에서 삼십 리 거리였다.

어머니를 봉양하면서 벼슬살이를 했는데 아침에 나갔다가 저녁에 꼭 돌아왔으며 '나갈 때 아뢰고 돌아와 뵙는 법도'와 '늦은 밤과 이른 아침으로 시중드는 법도'를 지극한 정성으로 하였다.

어머니의 늙어가심을 안타까워하여 '나무닭 노래'를 지었는데, 이제현(李齊賢 1787－1367)이 전한 가사 내용은 다음과 같다.

나무 끝에 작은 닭을 조각하여
저(箸)로 집어 선반에 두어 살게 하노라
이 닭이 '꼬끼오' 하고 시간을 알릴 때마다
어머님 얼굴이 서산에 해와 같구나. 심

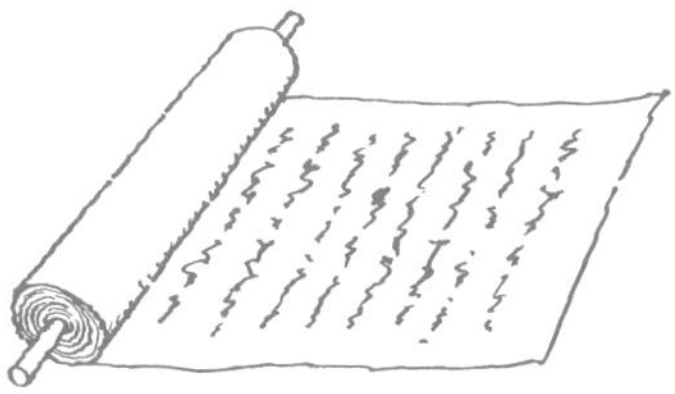

父命召어시든 唯而不諾하고 食在口則吐之니라
부 명 소　　유 이 불 낙　　식 재 구 즉 토 지

〈孔子〉

어버이가 명하여 부르시면 즉시 대답하고 느리게 대답하지 말며, 음식이 입에 있으면 이를 뱉을 것이다. **공자**

해 설

밥을 먹고 있는데 전화가 오면 어떻게 할까? 빨리 삼키거나 뱉고 나서 목소리를 가다듬은 후에 통화를 하는 것이 보통이다.

부모님이 부르실 때도 그와 같이 하여 잠시라도 기다리시게 해서는 안 된다는 말이다.

한자 풀이

- 召(소): 부르다, 결과를 가져오다. 召喚(소환)
- 唯(유): 빨리 대답하다, 오직. 唯物論(유물론)
- 諾(낙): 허락, 허락하다, 느리게 대답하다.
- 吐(토): 토하다. 吐血(토혈)

예화

노래자(老萊子)는 중국 춘추 시대 초(楚)나라 사람으로, 어지러운 세상을 피하여 농사를 지으며 숨어 살았다. 어려서부터 효성이 지극하여 따를 사람이 없었다. 혼자서 밥을 먹다가도 밖에 부모님이 돌아오신 기척이 나면 얼른 음식을 뱉어 내고 달려나가 인사를 올렸다. 또 부모님이 먼저 음식을 드시기 전에는 결코 먼저 먹지 않았다.

노래자가 점점 자라서 부모님을 봉양하게 되었을 때, 그는 부모님이 잡수실 음식은 언제나 부드럽고 맛이 있는 것을 널리 구해 올렸다. 또한 부모님이 입으실 옷은 언제나 가볍고 따뜻한 것을 사다 드렸으며, 부모님이 걱정을 하실까 봐 아픈 곳이 있어도 찡그린 표정을 짓지 않았다.

노래자가 칠십 노인이 되었을 때에도 노래자의 부모님은 아직도 정정하셨다. 그것은 노래자가 정성을 다하여 부모님을 잘 모셨기 때문이었다. 노래자는 칠십 노인이었지만 부모님 앞에 나아갈 때에는 색동옷을 지어 입고, 어린아이처럼 춤도 추고 노래도 불러 부모님을 기쁘게 해 드렸다.

어느 날, 부모님께 드릴 음식상을 손수 들고 가던 노래자는 발을 헛디뎌 그만 넘어지고 말았다. 이에 노래자는 자신이 늙어 힘이 없어진 것을 감추려고 어린아이처럼 "으앙으앙" 하고 소리내어 울었다. 노래자는 자신이 늙었다는 것을 부모님이 아시면 슬퍼하실까 봐 이를 감춘 것이었다. 당시 노래자의 부모님은 90세를 넘어 100세에 가까운 나이였다. 오늘날에 비겨 보아도 대단한 장수(長壽)였다. 쉼

孝於親이면 子亦孝之하나니
효 어 친 자 역 효 지

身旣不孝면 子何孝焉이리오
신 기 불 효 자 하 효 언

〈太公〉

내가 어버이에게 효도하면 자식이 또한 나에게 효도하나니, 내가 이미 어버이에게 효도하지 않았다면 자식이 어찌 나에게 효도하겠는가? 태공

해 설

사람은 어렸을 때 먹은 음식 맛을 평생 잊지 못한다고 한다. 또 '본데 없는 자식'이라는 욕도 있다. 곧 가정 교육이 잘못되었음을 지적한 말이다.

모방은 배움의 첫 단계인데, 어린 시절은 생각이 처음 깨이는 때이므로, 그 때에 경험한 것은 첫사랑을 잊지 못하듯 잊혀지지 않는 것이다. 유아 교육은 평생에 걸치는 사고의 틀을 만드는 것이고, 교육은 손수 모범을 보이는 것이 그 핵심이다.

한자 풀이

- **旣**(기): 이미, 벌써. 旣往(기왕)
- **何**(하): 어찌, 어느, 의문 부사. 何時(하시)
- **焉**(언): 어조사, 이에. (종결사)

예화

옛날에 나이 일흔이 넘어 늙고 병든 사람을 구덩이에 버려 두었다가 죽는 것을 기다려 장례지내는 풍습이 있었다고 한다. 여기에 얽힌 이야기이다.

일흔이 된 노인을 풍습대로 아들이 지게에 지고 가서 산중에 지게와 함께 버리고 돌아오려 할 때, 노인의 손자가 지게를 다시 가져오려고 하는 것이었다. 아버지가 의아스러워 그 까닭을 물으니, 아들은 이렇게 대답하였다.

"다음에 아버지가 일흔이 되면 이 지게로 다시 짊어다 버려야 되잖아요."

이 말을 들은 아버지는 깊이 깨달은 바 있어 다시 늙은 아버지를 지고 집으로 돌아와 지성으로 봉양하였다. 그 후로는 노인을 산에다 버리는 풍습이 없어졌다고 한다. 심

인물

태공(太公) : B.C.1122-미상. 강태공. 지금의 산둥성 태생. 성은 강(姜)이고 이름은 상(尙)인데 여(呂) 지방을 다스렸으므로 여상(呂尙)이라고도 한다.

참고

낚시하는 사람을 가리켜 강태공이라 하는데 그 이유는 이렇다.

중국에서는 유사 이래 가장 살기 좋았던 시절을 요(堯)임금 · 순(舜)임금이 다스렸던 시대, 즉 '요순(堯舜) 시대'라 하고 그 다음이 하(夏)나라 우(禹)임금과 은(殷)나라 탕(湯) 임금, 그리고 주(周)나라 문왕(文王) · 무왕(武王)이 다스렸던 시대이다.

강태공(姜太公)은 문왕의 신하로서 이러한 태평 성대를 이룩하는 데 많은 공헌을 한 인물이다. 그는 문왕과 같이 훌륭한 군주를 만나기 위해 70세가 되도록 위수(渭水)가에서 곧은 바늘낚시(고기를 낚기보다는 시간을 보내는 데 목적이 있는 낚시)를 하며 때를 기다렸다고 한다. 그래서 요즈음에도 낚시하는 이들을 강태공이라 높여 부른다.

孝順은 還生孝順子요 忤逆은 還生忤逆兒하나니
효순 환생효순자 오역 환생오역아

不信커든 但看簷頭水하라 點點滴滴不差移니라
불신 단간첨두수 점점적적불차이

〈太公〉

효순한 사람은 또한 효순한 자식을 낳고,
불효한 사람은 또한 불효한 자식을 낳는다.
믿지 못하겠거든 저 처마 끝의 낙수를 보라.
방울방울 떨어져 내림이 어긋남이 없느니라. 태공

해 설

어버이의 지극 정성은 언젠가는 자식에게 미치는 것이다. 세상의 모든 일은 시작과 끝이 있고, 원인과 결과가 있다. 예화에 나오는 백유의 어머니는 아들이 장성했음에도 불구하고 교육을 포기하지 않았기 때문에, 아들에게 효심을 일깨워 줄 수 있었다.

한자 풀이

- 還(환): 돌아오다. 還收(환수)
- 忤(오): 거스르다, 거역하다.
- 看(간): 보다, 지키다. 看過(간과)
- 簷(첨): 처마, 모자의 갓 둘레.
- 滴(적): 물방울, 물 대다. 滴水(적수)
- 差(차): 어긋나다, 맞지 않다. 差異(차이)
- 移(이): 옮기다, 변하다. 移徙(이사)

예화

백유(伯俞)가 허물이 있거늘 그의 어머니가 종아리를 때리니, 눈물을 흘렸다.

어머니가 물었다.

"다른 날에는 때려도 네가 운 적이 없더니, 지금 우는 것은 어찌된 일이냐?"

백유가 대답하였다.

"제가 죄를 지어 매를 맞을 때면 항상 아팠는데, 이제 어머님의 힘이 아프게 하지 못하십니다. 이 때문에 웁니다." 심

인물

백유(伯俞): 성은 한(韓). 한(漢)나라 때 사람. 한백유(韓伯俞)라고 표기하기도 한다.

정기편

(正 己 篇)

이 편은 '몸가짐[己]을 바르게[正]' 하기 위해선 어떻게 해야 하는지를 설명하고 있다. 몸가짐을 바르게 한다는 것은 언행을 절제하는 것이고, 절제하면 예의에 맞고 아름다워진다.

見人之善이어든 而尋己之善하고
견 인 지 선 이 심 기 지 선

見人之惡이어든 而尋己之惡이니
견 인 지 악 이 심 기 지 악

如此라야 方是有益이니라
여 차 방 시 유 익 〈性理書〉

남의 착한 것을 보거든 나의 착한 것을 찾고,
남의 악한 것을 보거든 나의 악한 것을 찾을 것이니,
이와 같이 함으로써 바야흐로 유익함이 있을 것이다. 성리서

해 설

'세 사람이 길을 가면 반드시 나의 스승이 있다[三人行이면 必有我師라]' 라는 말이 있다.

우리가 배우고자 하면, 언제 어디서든 관찰과 경험을 통하여 선한 점을 본받고 악한 점을 경계할 수 있다.

한자 풀이

- 性(성) : 성품, 성질. 性理學(성리학)
- 理(리) : 이치, 이성. 理由(이유)
- 尋(심) : 찾다, 평소. 尋訪(심방)
- 己(기) : 몸, 나. 克己(극기)
- 此(차) : 이 곳, 이것.

예화

"다른 산에서 나오는 거칠고 나쁜 돌이라도, 그것을 숫돌로 만들어 자신의 옥을 다듬을 수 있다."

라는 이 말은 곧 '타산지석(他山之石)'이라는 말로 널리 알려져 있다.

어진 인재를 구할 때에는 자국인(自國人)으로 제한해서는 안 되며, 쓸 만한 재목이면 모두 유용하게 써야 한다는 말도 된다.

또한 거친 돌은 소인(小人)에, 옥은 군자(君子)에 비유하여 군자도 소인을 보고 수양과 학덕을 쌓아 나갈 수 있음을 뜻하기도 한다. 심

참고

성리서(性理書): 중국 송(宋)나라 때 학자들이 인간의 심성(心性)과 우주의 원리에 대하여 지은 모든 글을 말한다.

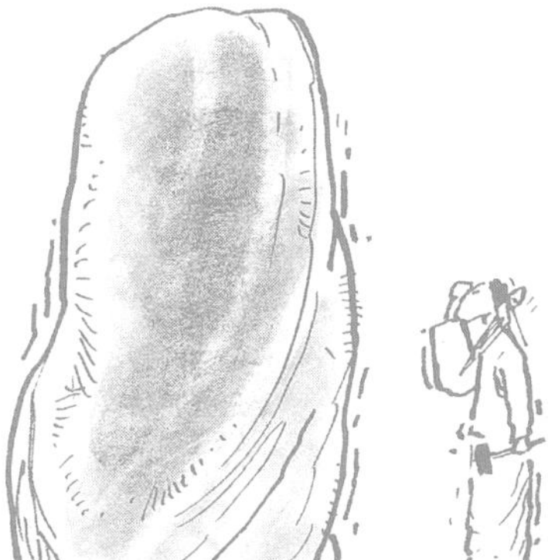

大丈夫當容人이언정 **無爲人所容**이니라
대 장 부 당 용 인 무 위 인 소 용

〈景行錄〉

대장부는 마땅히 남을 용서할지언정 남의 용서를 받는 사람이 되지 말라. 경행록

해 설

'사랑은 받는 것보다 주는 것이 낫다.'는 말이 있다. 마찬가지로 용서를 받는 입장이기 보다는 용서하는 입장이 되라는 말이다.

자신을 늘 경계하여 잘못을 저지르지 않아야 한다. 그러기 위해서는 많은 노력과 자기 절제가 필요하다. 잘못을 하고 용서받는 데에 길들여지면 언제 자기 발전이 있겠는가?

한자 풀이

- 丈(장): 어른, 길이의 단위. 丈人(장인)
- 夫(부): 지아비, 사나이.
- 當(당): 마땅하다, 담당하다. 當然之事(당연지사)
- 容(용): 얼굴, 용서하다. 容納(용납)

예화

조선 세조 때 사람 황수신(黃守身 1407-1467)은 황희(黃喜) 정승의 아들로, 그 역시 아버지의 뒤를 이어 영의정에까지 오른 인물이다.

수신은 젊었을 때 술을 좋아하여 하루도 거르는 날이 없을 정도였다. 아버지는 아들의 술버릇을 고치기 위해 야단도 치고 달래기도 하였지만, 아무 소용이 없었다. 꾸중을 들을 때는 반성했으나 금세 또 다시 술을 마시었다. 아버지는 아들의 버릇을 고치기로 마음먹고 한 가지 꾀를 내었다.

어느 날 아버지는 옷을 단정히 입고 대문 앞에 서 있었다. 그리고 술에 취한 수신이 비틀거리며 대문을 들어서자 손님을 대하듯이 정중하게 절을 하였다.

당황한 수신이 말했다.

"아니 아버님, 웬 일이십니까?"

아버지가 엄숙한 표정으로 답했다.

"내가 너를 타일러도 듣지 않으니 나는 너를 자식으로 여기지 않겠다. 지금부터는 너를 타인으로 생각하고 대하겠다."

아버지는 정중하게 머리를 숙여 절하였다. 수신은 어쩔 줄 몰라 하며 무릎을 꿇고 용서를 빌었다.

아버지는 아들을 용서해 주며 말하였다.

"대장부는 마땅히 남을 용서해 주는 입장이 되어야지 용서받는 처지가 되어서는 안 된다."

그 뒤 황수신은 술을 가까이하지 않고 학문을 연마하여 나라일을 총괄하는 지위에 올랐다. 심

勿以貴己而賤人하고 勿以自大而蔑小하고
물 이 귀 기 이 천 인 물 이 자 대 이 멸 소

勿以恃勇而輕敵이니라
물 이 시 용 이 경 적

〈太公〉

나를 귀하게 여기고서 남을 천하게 여기지 말고,
자기를 과시하고서 작은 이를 업신여기지 말고,
용맹을 믿고서 적을 가볍게 여기지 말 것이다. 태공

해 설

사람은 완벽하지 아니하고, 세상일은 그 평형이 깨지면서 불화(不和)와 반목(反目)이 발생하는 것이다. 교만하면 실수가 생기고, 너그럽지 않으면 적이 생기게 마련이다. 우리는 자신을 낮추어서 서로 돕고 존경하며 살아가야 한다.

한자 풀이

- 賤(천): 신분이 낮다. 흔하다. 賤視(천시)
- 蔑(멸): 업신여기다. 버리다. 蔑視(멸시)
- 恃(시): 믿다. 으스대다.
- 勇(용): 날쌔다. 과감하다. 勇猛(용맹)
- 輕(경): 가볍다. 빠르다. 輕視(경시)
- 敵(적): 맞서다. 상대. 敵將(적장)

예화

삼국지에 나오는 조조(曹操 155－220)는 백만 대군을 믿고 자만하다가 양쯔 강 하류 적벽에서 제갈공명(諸葛孔明 181－234)의 지략에 휘말리어 대패하였다.

대군을 거느리고 천하를 제패하려 하였으나 상대를 너무 얕보아 패전의 쓰라림을 맛보았던 것이다. 제갈공명의 화공(火攻)에 대부분의 군사를 잃은 조조는 불과 20여 명도 안 되는 병사를 이끌고 허둥지둥 도망치고 있었다. 사방이 온통 어두워지고 전장의 불빛이 멀리 아물거렸다.

조조는 잠시 생각에 잠겨 사방을 둘러보더니, 갑자기 큰 소리로 웃어댔다.

"하하하핫!"

"승상, 무엇이 그렇게 우스우십니까?"

곁에 따르던 부하가 조조에게 물었다.

"이 험악한 지형을 보니 제갈공명이 얼마나 어리석은지 알 만하구나. 나라면 이 곳에 군사를 숨겨두어 습격했을 거야. 바보 같으니라고."

바로 그 때였다.

"들거라 조조야! 조자룡이 제갈공명의 가르침을 받고 널 기다린지 오래다."

조조는 그만 깜짝 놀라 말에서 떨어질 뻔하였다. 가까스로 정신을 차린 조조는 밤새 도망쳤다.

조조는 남이능을 지나 호로구(葫蘆口)에 이르렀다.

"하하하핫～!"

또 갑자기 웃어댔다.

"승상, 왜 또 웃으십니까?"

부하들이 물어 보자 조조가 웃으면서 대답했다.

"내가 그들이었다면 이 길을 막았을 거야. 이런 곳에 군사를 숨겨 둬야지. 역시 제갈공명은 나를 따를 수 없어."

조조가 말을 마치자,

"조조야, 장비가 널 기다린지 오래다."

장비가 칼을 휘두르며 달려들었다.

"뭣이, 장비라고?"

조조는 혼비백산하여 눈을 감은 채 도망쳤다.

한동안 도망치다 보니 두 갈래 길이 나타났다. 한쪽 길 산봉우리에선 연기가 피어오르고 있었다.

"저 연기는 필시 제갈공명이 산 속에 복병이 있는 것처럼 꾸민 수작일 것이다. 내가 그 따위 얕은 꾀에 속을 줄 알았더냐?"

영리한 조조는 연기가 나는 쪽으로 말을 달렸다.

"하하하하!"

조조의 웃음소리를 듣고 부하들은 깜짝 놀랐다. 조조가 제갈공명을 깔볼 때마다 적군이 나타났기 때문이다. 아니나다를까. '콰앙!' 철포 소리가 울리며 관우가 군사를 이끌고 나타났다.

"으으악! 과…관우닷!"

조조는 죽음을 각오했다. 그러나 관우는 조조와의 정을 생각해서 살려 주었다.

조조는 남을 비웃다가 겨우 목숨만 살아 돌아왔다. 쉼

聞人之過失이어든 如聞父母之名하여
문 이 지 과 실 여 문 부 모 지 명

耳可得聞이언정 口不可言也니라
이 가 득 문 구 불 가 언 야

〈馬援〉

남의 허물을 듣거든 부모의 이름을 듣는 것과 같이 하여
귀로는 들을지언정 입으로는 말하지 말라. 마원

해 설

남의 허물을 들어 헐뜯는 것은, 불화(不和)와 불신(不信)을 낳는 행위이다. 내가 남을 미워하면 남도 나를 미워하여 서로 반목하게 되고 이 곳이 바로 지옥이다. 서로 남의 과실을 덮어 주고 용서해 줄 때, 따뜻한 웃음소리와 말소리가 우리 사회에 가득 차게 될 것이다. 그러므로 마음을 어떻게 쓰느냐가 천국과 지옥을 나누는 분수령(分水嶺)이 된다.

한자 풀이

- 聞(문): 듣다, 알다. 聞見(문견)
- 人(인): 사람, 남, 백성.
- 耳(이): 귀. 耳目口鼻(이목구비)
- 馬(마): 말, 크다. 馬力(마력)
- 援(원): 이끌다, 끌어잡다. 援助(원조)

예화

조선 중종 때의 학자이며 정치가인 김안국(金安國 1478－1543)은 조광조(趙光祖 1482－1519)와 함께 이상주의 정치를 주장했으나 급격한 개혁에는 반대했다. 그의 가훈(家訓)에 보이는 말이다.

말을 삼가라. 자기의 장점을 자랑하거나 남의 단점을 말하지 말고, 남의 비밀을 알더라도 드러내어 말하지 말고, 나라의 정책이나 법령의 장단점을 함부로 말하지 말고, 음란하고 추악한 말을 즐겨 말하지 말라.

남의 착한 점을 들으면 기뻐하며 말하고, 남을 헐뜯는 말을 하지 말고, 남을 업신여기는 말을 하지 말고, 바른 도리에 어긋나는 말을 하지 말고, 흉악하고 상스러운 말을 하지 말고, 거짓말로 허풍을 떨거나 황당한 말을 하지 말라. 심

인물

마원(馬援) : B.C.11－A.D.49. 후한(後漢)의 장군. 광무제를 도와 흉노족을 토벌하여 복파 장군(伏波將軍:반란을 평정한 장군)이라는 별명을 얻었고, 티베트 지방의 반란을 평정하여 신식후(新息侯)에 봉해졌다.

道吾善者는 **是吾賊**이오 **道吾惡者**는 **是吾師**니라
도 오 선 자 　시 오 적 　　도 오 악 자 　시 오 사

〈邵康節〉

나의 착한 점을 말하여 주는 사람은 곧 내게 해로운 사람이요,
나의 악한 점을 말하여 주는 사람은 곧 나의 스승이다. 소강절

해 설

나의 장점을 칭찬해 주는 사람이 어찌 나쁜 사람이겠는가? 이 말은 칭찬을 즐거워하여 거기에 빠져, 나의 단점을 지적해 주는 충고와 비판을 멀리하지 말 것을 경계한 말이다.

훌륭한 사람은 상대가 비록 어린 사람이라 할지라도 배울 점이 있으면 배운다.

배운다는 것은 내 인격의 부족한 것을 채우는 것이고, 향상시키는 것이다. 인격 향상 이것은 인생의 목적이다. 때문에 평생을 두고 갈고 닦는 것이다.

단점을 지적해 주는 사람을 귀히 여겨야 하는 까닭이 여기에 있다.

한자 풀이

- **道**(도) : 길, 말하다.
- **賊**(적) : 도둑, 해치다. 賊害(적해)

예화

조선 중종 때에 도학 정치를 펼친 조광조(趙光祖 1482-1519)는 타고난 자질이 출중할 뿐만 아니라 근면 질박하여 일찍이 두각을 나타내었다. 스무 살을 전후해서 가장 촉망받는 청년 학자로 꼽혔으며 김종직(金宗直 1431-1492)의 학통을 이은 김굉필(金宏弼 1454-1504)의 문하에서 군계일학(群鷄一鶴)이 되었다. 그는 늘 겸손하였으나 잘못을 보았을 때에는 비록 나이가 그보다 많더라도 지적하여 토론하였다.

스승 김굉필이 자기 어머니에게 보내기 위해 준비해 둔 꿩 한 마리를 고양이가 잡아먹어 버린 일로 크게 화를 낸 적이 있었다. 그 책임을 맡았던 계집종을 꾸짖는 것이 너무 지나치다고 판단한 그는 스승에게 아뢰었다.

"부모를 봉양하는 마음은 간절하시나 군자의 말은 기품이 있어야 할 것입니다. 좁은 소견에 문득 의문이 들어 감히 여쭙습니다."

김굉필은 깨달은 바가 있어 대답하였다.

"나도 방금 뉘우치고 있었는데, 네가 지적을 하니 나의 어리석음이 부끄럽다. 나의 단점을 지적했으니 네가 나의 스승이다. 이 후로 그대를 공경하고 존중할 것이다." 심

참고

군계일학(群鷄一鶴) : 뭇 닭 가운데에 한 마리 학, 곧 뛰어난 사람.

勤爲無價之寶요 愼是護身之符니라
근 위 무 가 지 보 　 신 시 호 신 지 부

〈太公〉

부지런함은 값이 없는 보배가 되고,
신중함은 몸을 보호하는 신표(信標)이다. 태공

해　설

'부지런함과 신중함'. 이는 삶을 살아가는 데에 필요한 가장 중요한 덕목이다. 우리가 노력하지 않고 어찌 열매를 얻을 수 있겠는가? 저 들판의 초목들도 자신의 힘으로 뿌리를 내려 노력 끝에 꽃을 피우고 열매를 얻고 있다. 우리가 능력이 있고 부지런하여도 경거망동하면 일을 그르치기 쉽다. 그러나 신중하면 남들로부터 신망을 얻고, 하고자 하는 일을 성취할 수 있다.

한자 풀이

- **勤**(근) : 부지런하다, 일. 勤勉誠實(근면성실)
- **價**(가) : 값, 값있다. 價格(가격)
- **寶**(보) : 보배, 보물. 寶石(보석)
- **愼**(신) : 삼가다, 참으로. 愼謹(신근)
- **護**(호) : 보호하다, 돕다. 護身術(호신술)
- **符**(부) : 부신. 符節(부절)

예회

조선 성종 때의 문신 일두 정여창(鄭汝昌 1450-1504)은 성리학으로 일가를 이루었다. 그는 재주보다는 노력으로 학업을 이루었는데, 뒤에 이렇게 말했다.

"나는 자질이 남만 못하여 열 배의 노력을 기울이지 않았다면 그 결과가 보잘것없었을 것이다. 학문을 한다는 것은 자갈밭에 벼를 심는 것 같아 땀과 노력이 없이는 벼가 잘 자라지 않는다. 그리고 비옥한 땅이라고 그 땅만 믿고 북돋우거나 김 매는 노력을 기울이지 않는다면, 자갈밭보다 더 잡초가 무성해질 것이니 좋은 땅이 무슨 소용이 있겠는가?"

다음은 황희(黃喜 1363-1452)가 영의정으로 있을 때의 일이다. 황희는 유독 김종서(金宗瑞 1390-1453)를 가혹하게 다루었다. 이를 본 김종서의 동료들은 황희를 원망했다. 맹사성이 황희에게 물었다.

"김종서는 장래가 촉망되는 인재인데 어찌 유독 그에게만 가혹하게 대하십니까?"

황희가 대답했다.

"나는 김종서를 훌륭하게 만들려고 그러는 것이오. 그는 성품이 너무 거세고 기가 날카로워서 무슨 일이든 생각나는 대로 과감하게 밀고 나가는 것이 병이오. 뒷날 그가 중요한 직책을 맡게 될 터인데, 일처리가 신중하지 않다면 잘못될 것이 분명하오. 그래서 그 기를 꺾고 신중한 마음을 기르게 하여 경솔함을 경계하려는 것이오." ㊓

君子有三戒하니
군자유삼계
少之時엔 **血氣未定**이라 **戒之在色**하고
소지시 혈기미정 계지재색
及其壯也하여는 **血氣方剛**이라 **戒之在鬪**하고
급기장야 혈기방강 계지재투
及其老也하여는 **血氣旣衰**라 **戒之在得**이니라
급기로야 혈기기쇠 계지재득
〈孔子〉

군자는 세 가지 경계할 것이 있으니, 청년기 때에는 혈기가 정하여지지 않았으므로 경계할 것이 색(色 : 이성 관계)에 있고, 장년기 때에 이르면 혈기가 한창 강성하므로 경계할 것이 싸움에 있고, 노년기에 이르러서는 혈기가 이미 쇠하였으므로 경계할 것이 탐내어 얻으려는 데에 있다. 공자

해설

우리는 개인의 욕망을 절제하고, 남을 생각하며 공동체 의식을 가진 사람을 훌륭한 인격자라고 칭송한다. 사람은 누구나 욕망을 갖지만 이를 지나치게 추구하다 보면 욕망의 늪에 빠져 인생을 허송하는 경우가 많다. 공자는 욕망을 색욕, 경쟁심, 재물욕으로 구분하고, 경계하고 절제할 것을 권하고 있다. 욕망의 절제, 이는 인격체가 되는 필수 조건이다.

한자 풀이

- **戒**(계) : 경계하다, 알리다. 戒律(계율)
- **壯**(장) : 씩씩하다, 장하다. 壯年(장년)
- **剛**(강) : 굳세다, 굳다. 剛柔(강유)
- **衰**(쇠) : 쇠하다, 약해지다. 衰弱(쇠약)

예화

옛날 정현광이란 사람은 젊었을 때 호탕하였다. 어떤 사랑하는 여인이 있어 밤이 깊어 찾아갔는데 이미 문은 굳게 닫혀 있었다. 소리내어 부르지도 못하고 안타까운 마음으로 그 집 문밖을 서성이었다.

그 곳에는 연못이 하나 있었는데 마침 가을 달빛을 받은 연못은 거울 속보다도 맑아 보였다. 그러나 이따금 불어 오는 바람에 나무 그림자가 수면을 덮고 흔들어 맑은 모습을 잃게 하고 있었다.

한동안 그것을 지켜보고 있던 정현광은 느끼는 바가 있었다.

"사람의 마음 또한 저 연못처럼 맑고 고요하거늘, 그림자와도 같은 욕심이 흔들어 어지럽히는 것이구나!"

이렇게 탄식하며 곧 돌아오고 말았다. 심

定心應物하면 **雖不讀書**라도
정 심 응 물 수 불 독 서
可以爲有德君子니라
가 이 위 유 덕 군 자

〈景行錄〉

마음가짐을 맑고 안정되게 하여 모든 일에 응한다면 비록 글을 읽지 않았더라도 덕이 있는 군자가 될 수 있다. 경행록

해 설

마음을 사물에 집중하지 않고 딴마음을 갖고 책을 읽으면, 우이독경(牛耳讀經 : 쇠귀에 경읽기)이 되고 시간만 낭비할 뿐이다. 맑은 마음으로 어떤 주제에 대하여 물아일체(物我一體 : 집중하는 것)한다면, 옛사람의 도움 즉 책의 도움 없이도 깨달아 알 수 있는 것이다. 깨달음은 꼭 문자나 말로 드러나야 되는 것은 아니다. 행동으로 드러나는 경우도 있다. 때문에 저 바닷가나 산골 그리고 시장에도 군자는 있는 것이다.

한자 풀이

- **應**(응) : 응하다, 응당하다. 應對(응대)
- **物**(물) : 사물, 인식의 대상. 物我一體(물아일체)
- **雖**(수) : 비록.

예화

어느 절에 아침에 일찍이 일어나 땀 흘려 농사짓고 나무를 하며, 저녁에는 몸을 깨끗이 씻고 벽을 향해 앉아 눈을 감고 명상에 잠기는 스님이 있었다. 스님의 명성을 듣고 찾아온 사람들이 도대체 언제 공부를 하시는가 궁금하여 여쭈니, 스님은 이렇게 대답하였다.

"책을 읽는 것보다 마음을 닦는 것이 먼저이니라. 그런 뒤에 책을 읽어야 해. 때문에 나는 마음의 눈으로 사물을 본다네. 책보다 더 중요한 것은 사람의 마음이야. 땀 흘려 일하여 의식(衣食)을 해결하고, 욕심을 제거하여 마음부터 가다듬어야 해. 진리만을 생각하는 마음이 되어야 진리가 마음 속에 들어 앉을 수 있는 거야." 심

衆이 好之라도 必察焉하며
중　호지　필찰언

衆이 惡之라도 必察焉이니라
중　오지　필찰언

〈孔子〉

여러 사람이 좋아하더라도 반드시 살펴보아야 하며,
여러 사람이 미워하더라도 반드시 살펴보아야 한다. 공자

해 설

어떤 사람을 좋아하고 미워하는 것은 순전히 개인적인 감정이다. 그런데 대개는 자신의 주관을 세우지 못하고 남들의 좋아하거나 미워하는 감정에 함께 휩쓸려 판단을 그르치는 수가 많다.

그를 왜 좋아하고 왜 미워하는지 공정한 입장에서 살펴보아야 한다.

한자 풀이

- 衆(중): 무리, 여럿. 衆論(중론)
- 好(호): 좋다, 좋아하다. 好惡(호오)
- 察(찰): 살피다. 檢察(검찰)
- 惡(악, 오): 악, 미워하다.

예화

공자의 제자 자공(子貢)이 공자에게 물었다.
"한 고을 사람들이 모두 좋아하는 사람은 어떻습니까?"
"좋지 못하다."
"한 고을 사람들이 모두 미워하는 사람은 어떠합니까?"
"좋지 못하다."
"그럼 어떤 사람이 좋은 사람입니까?"
"고을 사람 중에 착한 자가 좋아하고, 고을 사람 중에 착하지 못한 자가 미워하는 사람이다." 심

酒中不語는 **眞君子**요
주중불어 진군자

財上分明은 **大丈夫**니라
재상분명 대장부

〈孔子〉

술 취한 가운데에도 말이 없음은 참다운 군자요,
재물에 대하여 분명함은 대장부이다. 공자

해 설

술은 사람의 몸과 마음을 따스하게 한다. 하지만 지나치게 마시면 몸과 마음에 열병이 돋아 제어하기 어려운 지경에 빠지게 된다. 이리하여 돌이킬 수 없는 실수와 실언을 하게 되는 경우가 많다. 때문에 술은 어른 앞에서 배워야 술을 제어하는 법도를 알게 된다고 한다.

한자 풀이

- **酒**(주) : 술, 단이슬. 酒類(주류)
- **眞**(진) : 참, 진실. 眞善美(진선미)
- **財**(재) : 재물, 보배. 財産(재산)

예화

조선 때 사람 이경함(李慶涵 1553-1627)은 풍채가 좋고 입이 무거웠으며 웃는 일이 별로 없었다.

명나라의 주호(酒豪 : 술을 잘 마시고 호기가 있음)라고 자부하던 주난우(朱蘭偶)가 사신으로 왔을 때, 조정에서는 그를 맞아 함께 술을 마실 수 있는 사람으로 이경함을 선발했다.

두 사람은 누구의 주량이 더 큰지 내기라도 하듯, 큰 술잔을 주고받으며 한없이 술을 들이켰다.

결국 주난우가 먼저 취해 쓰러지자, 이경함은 조용히 일어나 왕에게로 돌아와 보고하였다.

선조 임금이

"경은 아직 더 마실 수 있는가?"

하고 묻자

이경함이 아뢰기를

"큰 잔으로 세 잔은 더 마실 수 있습니다."

고 하였다.

임금은 커다란 은잔으로 세 잔의 술을 내려 주었다.

그는 그것을 받아 마시고 물러나왔는데, 조금도 휘청거리지 않고 평상시와 똑같았다.

그는 늘 이렇게 말하였다고 한다.

"주량은 그 사람이 술을 마시고 어떻게 공무를 집행하느냐 하는 것을 표준으로 삼아야 한다. 횡설수설 떠들어대고 흐트러진 모습을 남에게 보인다면, 아무리 많은 양의 술을 마시었다고 해도 그것은 주량이 크다고 결코 말할 수 없다." 심

萬事從寬이면 其福自厚니라
만 사 종 관 기 복 자 후

〈孔子〉

모든 일에 너그러움을 따르면 그 복이 저절로 두터워진다.

공자

해 설

사람은 완전하지 않기 때문에 서로 용서하며 살아야 한다. 때문에 인류의 성인(聖人)들은 '남의 단점을 감싸 주고 서로 돕고 살라'고 권하고 있다. 단군 할아버지의 홍익 인간, 부처의 자비, 공자의 인, 예수의 사랑, 이 모두가 '이기심을 버리고 용서하며 돕고 살라'는 가르침이다. 내가 남에게 너그럽지 않으면 남이 나에게 너그럽겠는가? 나만을 이롭게 하려는 마음은 부족한 마음이요, 나 이외의 가족과 사회를 생각하는 마음은 올바른 마음이다.

한자 풀이

- **萬**(만) : 일만, 다수. 萬古不變(만고불변)
- **寬**(관) : 너그럽다, 넓다. 寬大(관대)
- **厚**(후) : 두텁다, 무겁다. 厚顔無恥(후안무치)

예화

초(楚)나라 장왕(莊王)이 주연을 베풀어 신하들과 함께 술을 마시었다. 날은 저물고 주흥은 도도해졌는데 문득 한줄기 세찬 바람이 불어 촛불을 꺼뜨렸다. 이 때, 왕이 총애하던 궁녀의 옷자락을 잡아 끄는 신하가 있었는데, 궁녀는 그 신하의 갓끈을 잡아 당겨 끊어 가지고 왕에게 아뢰길

"빨리 불을 켜게 하시고 갓끈이 끊어진 신하를 찾아 벌해 주십시오."

왕이 말하기를

"내가 주연을 베풀었고 그로 인하여 예(禮)를 잃어버린 것인데, 어찌 그대의 정절(貞節: 곧은 절개)을 드러내고자 선비를 욕보일 수 있겠는가?"

그리고 신하들에게 명령하여 말하기를

"오늘 나와 함께 술을 마시고 갓끈이 끊기지 않은 사람은 즐거워하지 않은 것이다."

백 명이 넘는 신하들은 모두 갓끈을 끊었고, 다시 불을 켜고 흥을 돋우어 즐겁게 논 뒤 주연을 끝냈다. 뒷날 진(晉)나라와 초나라가 전쟁을 벌였는데, 한 신하가 항상 선두에 서서 다섯 번 싸워 다섯 번 적장의 머리를 베어 오니, 진나라를 물리치어 이길 수 있었다.

장왕이 신기하게 생각하고 물으니 갓끈이 끊겼던 자로서 왕의 관대함에 보답한 것이라고 하였다. 심

안분편

(安 分 篇)

이 편은 '분수[分]를 지키어 편안[安]하라'는 내용이다. 세상의 사물이 각자에 맞는 위치와 역할이 있듯이 사람도 그러하다. 알맞는 위치와 역할은 우리들을 평안하게 하며, 알맞지 않은 행위는 자신과 주위 사람들을 불편하게 한다.

知足可樂이오 **務貪則憂**니라
지 족 가 락 　　무 탐 즉 우

〈景行錄〉

만족할 줄을 알면 즐거울 것이요,
탐욕에 힘쓰면 근심이 있을 것이다. 경행록

해 설

아흔아홉 섬의 쌀을 가진 사람이 한 섬 가진 사람 것을 빼앗아 백 섬을 채우고 싶어하는 것이 인간의 모습이기도 하다. 그처럼 욕심은 끝이 없다.

우리는 끝이 없는 욕심을 채우기보다는, 오히려 욕심으로 가득찬 마음을 비우고 대신 그 자리에 만족할 줄 아는 착한 마음을 채워야 한다.

한자 풀이

- **足**(족): 발, 만족하다.
- **務**(무): 힘쓰다, 일.
- **貪**(탐): 탐을 내다, 욕심을 부리다. 貪慾(탐욕)

예화

조선 세조(世祖) 때 사람 계성군(鷄城君) 이양생(李陽生 1423-1488)은 신을 삼는 직업을 가졌던 미천한 사람이었다. 그런데 이시애(李施愛: ?~1467)의 반란을 진압하는 토벌군으로 뽑혀가서 큰 공을 세움으로써, 높은 벼슬에 올랐으나 글을 몰랐다.

어느 날, 그는 신을 삼아서 팔던 장터를 지나다가 어릴 때의 친구를 만났다. 그는 지위가 높아졌다고 거만을 떨지 않고, 말에서 뛰어내려 반갑게 얼싸안으며 허물 없이 대하였다.

또, 그의 아내는 종의 출신으로 용모가 추할 뿐더러, 나이가 많아서 슬하에 자식을 두지 못하고 있었다. 사람들이

"그대는 나라에 공을 세워 높은 벼슬을 얻기도 했으니, 후손을 두어야 하지 않겠는가? 다시 좋은 집안의 딸을 배필로 맞아 자식을 낳도록 하는 것이 마땅한 일이네."

라고 기회가 있을 때마다 권유했다. 그러나 그는 이런 말을 들을 때마다 딱 잘라 말했다.

"내 아내와는 젊었을 때부터 고락(苦樂)을 함께 했습니다. 벼슬을 얻었다 하여 어찌 버릴 수가 있단 말이오. 더구나 나는 원래 미천한 신분이었는데, 양가집 딸을 아내로 맞아들이는 것이 타당한 일이겠소. 나에게 배다른 형이 계신데, 그 형의 아들을 양자로 삼아 대를 잇게 하면, 그것이 바로 우리 종가를 훌륭하게 하는 일이 되지 않겠소."

이러한 이양생의 얘기를 듣는 사람들은 모두 옷깃을 여미고 그를 대하였다. 십

知足者는 貧賤亦樂이요
지 족 자 빈 천 역 락

不知足者는 富貴亦憂니라
불 지 족 자 부 귀 역 우

〈景行錄〉

만족할 줄 아는 사람은 가난하고 천하여도 즐거울 것이요, 만족할 줄 모르는 사람은 부하고 귀하여도 근심하느니라. 경행록

해 설

가난하고 천함은 삶을 힘들게 하고, 부하고 귀함은 삶을 풍요롭게 하는 요소임에 틀림없다. 그러나 부귀는 육신을 만족시키는 조건일 뿐이다. 내 자신의 인격이 훌륭하다면 비록 누덕누덕 기운 옷을 입고 있어도 부끄러울 것이 없으며, 내 자신의 인격이 부족하다면 비록 화려한 비단옷을 입고 있어도 초라한 것이다.

한자 풀이

- 知(지) : 알다, 지식. 知能(지능)
- 賤(천) : 천하다. 賤民(천민)
- 亦(역) : 또, 또한. 亦是(역시)

예화

조빈(曺彬)의 아들 조찬(曺璨)이 절도사(지역 사령관)가 되었는데, 그의 어머니가 하루는 집의 창고를 열게 하여 수천 꿰미의 돈이 쌓여 있는 것을 보았다.

조찬의 어머니는 아들을 불러 세워 놓고 돈 꿰미를 가리켜 보이며 말하였다.

"돌아가신 너희 아버지 시중(侍中)께서는 내직과 외직을 두루 거쳤으나 재물을 쌓아 둔 적이 없었다. 네가 아버지만 훨씬 못함을 알겠구나." 심

참고

시중(侍中) : 고려 때 국정을 총괄하던 대신.
내직(內職) : 서울 안에 있는 각 관청의 벼슬.
외직(外職) : 지방 관청의 벼슬.

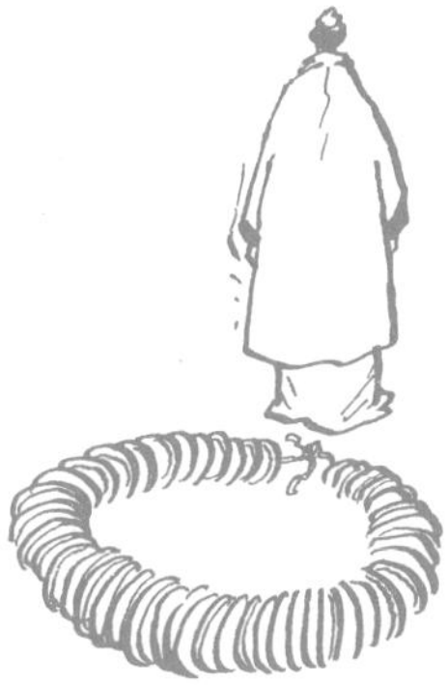

滿招損하고 謙受益이니라
만 초 손 　 겸 수 익

〈書經〉

자만하면 손해를 부르고, 겸손하면 도움을 받는다.

서경

해 설

세상을 살아가는 데 있어 겸허함의 중요성을 알기 쉽게 표현한 말이다.

참다운 겸손은 모든 미덕의 어머니이다. 그러나 자만은 많은 적을 만들고 결국 인간을 파멸로 몰고 가게 마련이다.

우리는 옛 성자들이 몸소 실천한 겸손을 본받아 세상을 지혜롭게 살아가야 하겠다.

한자 풀이

- **滿**(만) : 가득하다, 넉넉하다. 滿員(만원)
- **招**(초) : 부르다, 구하다. 招待(초대)
- **損**(손) : 줄어들다, 잃다. 損害(손해)
- **謙**(겸) : 겸손하다, 덜다. 謙虛(겸허)

예화

장자(莊子)가 다음과 같이 비유를 들어 말하였다.

"가령 배 두 척이 나란히 강물을 건널 때에, 빈 배가 와서 배에 부딪친다면 아무리 성미가 급한 사람이라도 성을 내지 않을 것이다. 그러나 만일, 그 배 안에 한 사람이라도 타고 있다면 곧 그 사람을 불러, 배를 돌리라거나 후퇴시키라고 소리칠 것이다. 그래서 한 번 소리쳐 듣지 않고 두 번 소리쳐 듣지 않으면, 세 번째는 그만 필시 고함을 치며 욕설을 퍼부을 것이다.

먼저 화를 내지 않고 이번에는 화를 내는 것은 먼저는 배가 비었으나 이번에는 배에 사람이 타고 있기 때문이다. 사람도 만일 자기를 비우고서 세상을 살아간다면 누가 그를 해칠 것인가?" 심

安分身無辱이오 知機心自閑이라
안 분 신 무 욕　　지 기 심 자 한

雖居人世上이나 却是出人間이니라
수 거 인 세 상　　각 시 출 인 간

〈安分吟〉

분수를 편안히 여기면 자신에게 욕됨이 없을 것이요,
세상의 형편을 잘 알면 마음이 저절로 한가할 것이다.
몸은 비록 인간 세상에 살더라도
마음은 도리어 인간 세상을 벗어나네. 안분음

해　설

사람은 타고난 재능이 다르며, 개인차가 있게 마련이다. 그러므로 우리는 자신의 재능을 키우고 개발하는 데 노력을 기울여야 한다. 남의 성취를 부러워하며 눈에 보이는 세상의 화려함을 좇아 세월과 정력을 낭비하는 경우가 많다. 그리하여 세월이 오래 되면, 땀 흘려 노력하지 않고 물질에 현혹되어 몸과 마음을 수고롭게 하였음을 깨닫고 후회하게 된다. 삶의 아름다움은 땀 흘려 노력하는 것이다. 그리하여 어제보다는 오늘이, 오늘보다는 내일이 좀더 새롭고 활기찬 것이다.

한자 풀이

- 辱(욕): 욕, 수치, 욕되다. 辱說(욕설)
- 機(기): 조짐, 낌새. 機微(기미)
- 却(각): 도리어, 물리치다.

예화

어느 추운 겨울날 선조(宣祖)는 외증조 할아버지인 안탄대(安坦大)에게 담비옷을 선물하기로 하였다. 선조 임금은 신하를 시켜 담비옷을 안탄대에게 보냈다.

신하가 안탄대에게 예를 갖추고 임금이 보낸 담비옷을 내미니 안탄대가 말하였다.

"저와 같이 천한 사람이 담비옷을 입는다면 분수를 모르는 짓입니다. 신분을 잊고 방자하다면 죽을 죄를 짓는 일이 됩니다. 물론 임금께서 내리시는 옷을 받지 않는 것도 죽을 죄를 범하는 일이지요. 이왕 죽을 죄를 지을 바에는 분수를 지키고 죽겠습니다."

신하는 돌아와 안탄대의 뜻을 임금에게 아뢰었다. 외증조를 돌보려다가 도리어 번거롭게 한 임금은 크게 걱정하였다. 그러자 재치 있는 신하가 나서서 말했다.

"안탄대는 늙어서 눈이 매우 어둡습니다. 담비옷을 내리되 강아지털옷이라고 속여 말하십시오. 그러면 받을 것입니다."

신하의 의견을 듣고 선조 임금은 담비옷을 다시 보내며 부탁하였다.

"이번에는 강아지털옷이라고 말하고 꼭 전해 주고 오시오."

임금의 부탁을 들은 신하는 다시 안탄대를 찾아가 담비옷을 내놓으며 임금이 시키는 대로 말했다. 과연 안탄대는 강아지털옷을 받아들였다.

그것이 실상 담비옷인 줄을 모르는 안탄대는 임금의 정을 가슴 깊이 새겼다.

안탄대는 매우 가난하게 살았지만 늘 분수에 맞는 생활을 하였다. 그의 딸이 대궐에 들어가 중종(中宗)의 후궁 창빈(昌嬪)이 되었어도 생활을 바꾸지 않았다.

오히려 더욱 몸가짐을 조심하면서 나이 90이 넘도록 이렇듯 분수를 지키며 살았기에, 많은 사람들로부터 칭송을 받았다. 심

참고

안분음(安分吟): 중국 송(宋)나라 때의 시. 저자는 알지 못함. 자신의 분수를 지키며 편안히 살아간다는 내용을 담고 있다.

존심편

(存 心 篇)

이 편은 '마음[心]을 보존[存]하는 길'을 제시한 선인(先人)들의 말씀을 모은 것이다. 마음은 볼 수도 만질 수도 없지만 항상 움직이고 있다. 자신도 모르게 악을 향해 움직이는 마음을 되돌려 선을 향해 나아가게 함이 이 편의 핵심이다.

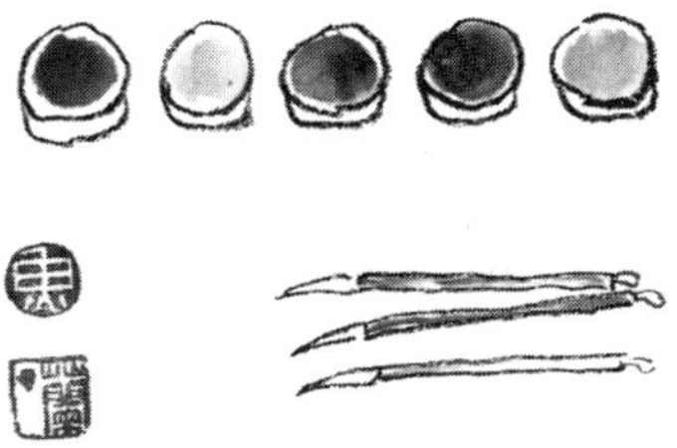

坐密室을 **如通衢**하고 **馭寸心**을 **如六馬**면
좌 밀 실　여 통 구　어 촌 심　여 육 마

可免過니라
가 면 과

〈景行錄〉

밀실에 앉았어도 마치 트인 길거리에 앉은 것처럼 하고, 작은 마음을 제어하기를 마치 여섯 필의 말을 부리듯 하면 허물을 면할 수 있다. 경행록

해 설

아무리 심성이 모질고 악독한 사람이라 하더라도, 보는 사람이 많은 길거리에서는 함부로 남을 해치거나 도둑질을 하지 않지만, 웬만큼 마음이 착하고 순수한 사람이라도 보는 이가 없는 빈 방에서는 악의 유혹에 빠지는 언행을 하기 쉽다.

훌륭한 사람은 외부의 조건이 바뀌어도 그 마음이 흔들리지 않는다.

한자 풀이

- **通**(통) : 통하다, 꿰뚫다. 通達(통달)
- **衢**(구) : 네거리, 길.
- **馭**(어) : 말을 부리다, 마부. 馭車(어거)

예화

조선 선조 때 사람 토정 이지함(李之菡 1517-1578)은 기골이 장대하고 얼굴은 검고 둥글어 풍채가 좋았다. 그는 한 여름에도 물을 마시지 않고, 추운 겨울에도 솜옷을 입지 않고 지내는 수련을 쌓았다 하며 주역(周易)에 밝았다고 한다.

그는 개성 송악산 기슭에 있는 화담(花潭)으로 찾아가 당시 도학으로 이름 높았던 서경덕(徐敬德 1489-1546)의 제자가 되었다.

이지함은 화담 옆에 방을 얻었는데, 어느 날 집주인이 출타하고 없는 사이에 집주인의 아내가 이지함의 용모에 반해 밤늦게 그의 방에 들어왔다.

그러나 이지함은 점잖게 그 부인을 달랬고 그래도 물러서지 않자 인륜을 따져 나무라서 설복시키었다. 마침 집주인이 돌아와 문 밖에서 이 광경을 보고, 서경덕에게 이 일을 알리었다.

다음 날 서경덕은 이지함에게 이렇게 말했다.

"그대의 인격은 나의 가르침이 필요 없는 높은 경지에 있네."

이지함의 학덕은 서경덕에게 인정을 받았고, 이름이 세상에 알려졌다. 심

但當以責人之心으로 **責己**하고 **恕己之心**으로
단 당 이 책 인 지 심 책 기 서 기 지 심

恕人이면 **則不患不到聖賢地位也**니라
서 인 즉 불 환 부 도 성 현 지 위 야

〈范忠宣公〉

다만 마땅히 남을 꾸짖는 마음으로써 자기를 책망하고, 자기를 용서하는 마음으로써 남을 용서한다면 성현의 경지에 이르지 못함을 근심할 것이 없다. 범충선공

해 설

'역지사지(易地思之)'란 사자 성어(四字成語)가 있는데, 입장을 바꿔서 생각해 보라는 말이다. 또 '똥 묻은 개가 겨 묻은 개를 나무란다.'는 속담도 있다. 모두가 자신보다는 상대의 입장에서 생각하라는 교훈이다.

이 글에서는 '상대의 입장에서 생각한다'는 실천 정신을 이루어 나가는 일이, 멀게만 보이는 성현(聖賢)의 경지로 나아가는 길임을 강조하고 있다.

한자 풀이

- **當**(당) : 마땅히. 當然(당연)
- **責**(책) : 꾸짖다, 따지다. 責望(책망)
- **恕**(서) : 용서하다, 동정하다. 容恕(용서)
- **范**(범) : 풀 이름, 벌, 성씨.

예화

맹자의 처가 어느 날 혼자 방 안에 있을 때에 앉음새가 바르지 않았다. 바로 그 때에 맹자가 문을 갑자기 열고 들어왔다. 그 모습을 본 맹자가 어머니에게 아내와 헤어지겠다고 하자, 맹모는 그 이유를 물었다.

"아내의 혼자 있을 때의 앉음새가 옳지 않았습니다."

맹모가 다시 물었다.

"네가 어떻게 그것을 보았느냐?"

"제가 직접 보았습니다."

라고 맹자가 대답했다. 이 말을 듣고 난 맹모는

"그것은 너의 잘못이지 네 아내의 잘못이 아니다. 오례(五禮)에 말하길 '대문에 들 때에는 누가 있느냐고 물어야 하고, 마루 위에 오를 때에는 기침 소리를 내야 하며, 또 방 안에 들 때에는 둘러보지 말고 앞만 보아 방 안의 좋지 않은 점은 보지 말라.'고 하였다. 그러함에도 너는 인기척을 내지 않고 갑자기 방에 들어가 네 처의 추한 모습을 보게 된 것이니 이것은 너의 잘못이다. 또한 너의 잘못은 바르게 가르치지 못한 나에게 책임이 있으니 그 벌은 내가 받아야 한다."

라고 말하며 스스로 자신의 종아리를 피가 나도록 때렸다. 이에 맹자는 무안해서 자신을 책망했다. 심

인물

범충선공(范忠宣公) : 중국 북송(北宋) 때의 유명한 재상. 성은 범(范)이고 이름은 순인(純仁)이며 시호는 충선(忠宣)이다.

聰明思睿라도 **守之以愚**하고
총 명 사 예　　수 지 이 우

功被天下라도 **守之以讓**하고
공 피 천 하　　수 지 이 양

勇力振世라도 **守之以怯**하고
용 력 진 세　　수 지 이 겁

富有四海라도 **守之以謙**이니라
부 유 사 해　　수 지 이 겸　　〈孔子〉

총명하고 생각이 뛰어나도 어리석음으로써 지켜야 하고,
공로가 천하를 덮을 만하더라도 사양함으로써 지켜야 하고,
용맹이 세상에 떨치더라도 겁냄으로써 지켜야 하고,
부유함이 온 세상을 차지했다 하더라도 겸손함으로써 지켜야 한다. 공자

해 설

신약 성서 마태 복음에, '누구든지 자기를 높이는 자는 낮아지고 자기를 낮추는 자는 높아지리라.' 하였다.

노자(老子)는 '최상의 선은 물과 같다[上善若水].' 라고 하였다. 물은 높고 깨끗한 곳에 있으려고 하지 않고 항상 낮은 곳으로 흐른다.

사람들이 물의 성질을 본받아 좀더 겸손해진다면 세상은 더욱 아름다워질 것이다.

한자 풀이

- **聰**(총) : 귀가 밝다, 총명하다. 聰明睿智(총명예지)
- **睿**(예) : 깊고 밝다, 통하다.
- **振**(진) : 떨치다, 건지다. 振動(진동)
- **怯**(겁) : 겁내다, 무서워하다. 怯心(겁심)

예화

공자의 제자인 증자가 안자(顔子)를 두고 말하였다.
"능하면서 능하지 못한 이에게 물으며,
학식이 많으면서 적은 이에게 물으며,
있어도 없는 것처럼 하고,
가득 차 있으면서도 텅빈 듯이 하며,
침해당해도 보복하지 않는다.
옛적에 내 벗이 일찍이 이런 일을 하였다."

만장이 맹자에게 물었다.
"벗을 사귀는 도리를 여쭙고자 합니다."
맹자가 다음과 같이 답하였다.
"나이가 많다고 으스대서는 안 되고, 신분이 귀하다고 으스대서는 안 되며, 형제를 믿고 으스대며 벗을 사귀어서는 안 된다. 벗을 사귄다는 것은 그 덕을 벗하는 것이니, 으스댐이 있어서는 안 된다." 심

인 물

안자(顔子) : B.C.521-B.C.490. 이름은 회(回), 자(字)는 자연(子淵). 단명하여 41세로 일찍 죽음. 노여움을 남에게 옮기지 않았으며, 잘못을 두 번 되풀이하지 않았다[不遷怒 不貳過]. 공자 문하(門下)에서 덕행의 으뜸으로 추앙받는다.

施恩이어든 **勿求報**하고 **與人**이어든 **勿追悔**하라
시은 물구보 여인 물추회

〈素書〉

은혜를 베풀었거든 그 보답을 구하지 말고,
남에게 주었거든 후에 뉘우치지 말라. 소서

해 설

흥부는 아무런 대가를 바라지 않고서 제비에게 은혜를 베푼 결과 복을 받았고, 놀부는 오로지 대가만을 바라고서 흥부를 흉내내다가 화를 입었다.

사실 남에게 은혜를 베푸는 일은 그리 어려운 일이 아니다. 마음 속으로 그 보답을 바라지 않는 것이 참으로 어려운 일이다.

그런데 하늘은 보답을 바라지 않는 이에게는 복을 주시고, 보답을 바라는 이는 돌아보지 않는다. 우리는 어느 쪽을 택해야 할까?

한자 풀이

- **勿**(물): 말다. 勿論(물론)
- **與**(여): 더불어하다, 주다. 與民同樂(여민동락)
- **追**(추): 뒤따라가다, 구하다. 追求(추구)
- **悔**(회): 뉘우치다, 고치다. 悔恨(회한)

예화

만덕(萬德)의 성은 김(金)씨인데, 탐라(耽羅, 제주도의 옛 이름) 어느 양가(良家)의 딸이었다. 어려서 어머니를 잃고 의지할 데가 없어서 기녀(妓女)에 의탁하여 살았다.

만덕이 성장하자 관청에서 기생 명부에 이름을 올렸는데, 만덕은 비록 머리를 숙이고 관기로 부림을 당하였으나 그 스스로는 기생으로 여기지 않았다.

나이 스물이 넘어 기생이 아니고 양민(良民)의 딸이라는 사실을 관청에 울며 호소하니, 관청에서 불쌍히 여겨 기생 명부에서 빼주고 다시 양민으로 돌아가게 하였다. 만덕은 비록 민간(民間)에서 살게 되었으나 탐라의 사내들을 어리숙하다고 생각하여 남편으로 맞이하지 않았다.

그녀는 재물을 늘리는 일에 뛰어났는데, 수시로 바뀌는 물건 가격에 맞추어 매매(賣買)하여 몇 십년이 지나자 상당한 재산가로 이름이 나게 되었다.

정조(正祖) 대왕이 즉위한 지 19년이 되던 을묘년(乙卯年, 1795년)에 탐라에 큰 기근이 들어 주려 죽은 백성의 시체가 쌓이었다.

정조 대왕이 구휼미(빈민과 이재민을 구제하는 쌀)를 실어 보낼 것을 명령하니, 팔백 리 먼 바닷길(한양에서 탐라까지)을 바람을 받은 돛단배가 베틀의 북처럼 왔다갔다 하였으나, 때에 맞출 수는 없었다.

이에 만덕이 천금의 돈을 던져 뭍에서 쌀을 사오게 하니, 여러 고을의 사공들이 때에 맞게 이르렀다.

만덕은 그 십분의 일을 가지고서 친족들을 살리고, 나머지는

모두 관청으로 보냈다.

부황(浮黃: 오래 굶어서 살가죽이 붓고 누렇게 되는 병)든 사람들이 그 이야기를 듣고 관청에 구름같이 모여드니, 관청에서는 급한 사람과 그렇지 못한 사람을 가리어 나누어 주기를 차등 있게 하였다. 탐라의 남자와 여자들이 거리로 나와 만덕의 은혜를 칭송하며,

"우리를 살린 사람은 만덕이다."

라고 하였다.

서책

소서(素書): 중국 진(秦)나라 말기 황석공(黃石公)이 장량(張良)에게 전해 주었다는 책. 송(宋)나라 때 장상영(張商英)이 주석(註釋 : 설명)을 달았다.

懼法朝朝樂이요 **欺公日日憂**니라
구 법 조 조 락　　기 공 일 일 우

〈孫思邈〉

법을 두려워하면 언제나 즐거울 것이요,
나라일을 속이면 날마다 근심이 되느니라. 손사막

해 설

근래 '부패 방지법'을 제정하자는 목소리가 높다. 총체적인 부조리의 척결을 위해 보다 엄격한 법을 만들어야 한다는 주장이다.

그러나 법은 그 형식보다는 그것을 준수하려는 의지가 더 중요하다. 아무리 엄격하고 좋은 법이라도 지켜지지 않는다면 아무 소용이 없다.

법은 반드시 지켜야 된다는 마음의 자세부터 다져야 하겠다.

한자 풀이

- **懼**(구) : 두려워하다, 근심. 恐懼(공구)
- **朝**(조) : 아침, 왕조. 朝夕(조석)
- **欺**(기) : 속이다. 詐欺(사기)

예화

중국 후한 때 사람 양진(楊震 54-124)은 학식이 고명하여 '관서공자(關西孔子)' 라 일컬어졌으며, 벼슬이 태위(太尉)에까지 이른 인물이다. 그가 형주자사(荊州刺史)가 되어 임지로 가는 도중에 창읍을 지나게 되었다. 예전에 형주 사람으로서 학식이 있다는 왕밀(王密)이란 사람을 임금에게 추천하였는데, 바로 그 왕밀이 창읍의 현령으로 있었다.

왕밀은 밤에 황금 10근을 품 속에 품고 와서 양진에게 바쳤다.

품 속에서 꺼내 놓은 황금을 보며 양진이 말하였다.

"나는 그대를 아는데 그대는 나를 모르는가?"

왕밀이 대답하여 말하였다.

"사양하지 마십시오. 늦은 밤이라 아는 이가 없습니다."

양진이 말하였다.

"하늘이 알고, 귀신이 알고, 내가 알고, 그대가 아는데 어찌하여 아는 이가 없다 하는가!"

왕밀은 부끄러워 내빼듯 그 자리를 물러나왔다. 심

인물

손사막(孫思邈) : 중국 당(唐)나라 때의 유명한 의사. 의학책 천금방(千金方) 30권을 저술하였다.

心不負人이면 面無慙色이니라
심 불 부 인 　 면 무 참 색

〈朱文公〉

마음 속에서 남을 저버리지 않았으면,
얼굴에 부끄러운 빛이 없느니라. 주문공

해 설

사회의 도덕과 윤리가 무너지고 온갖 비리와 악행이 서슴없이 저질러지고 있지만, 그래도 사회 질서가 유지되는 이유 중에 하나는 아마 사람 각자에게 천성적으로 '양심'이 있어서일 것이다.

범죄 수사에 있어 피의자가 하는 말의 사실 여부를 판단하기 위하여 거짓말 탐지기를 이용하는 일, 사실을 알고 있는 사람을 피의자와 대질 신문하는 일 등이 모두 양심이 있기에 가능하다.

그래서 우리는 어떤 부끄러운 일을 하면 저도 모르게 얼굴이 붉어지니, 만약 부끄러움을 모른다면 그런 사람은 짐승이나 다름없다.

한자 풀이

- **負**(부) : 저버리다, 등에 짊어지다. 男負女戴(남부여대)
- **慙**(참) : 부끄러워하다, 수치. 慙愧(참괴)

예화

고려 때 최춘명(崔椿命 ?-1250)이 자주(慈州) 부사로 있을 때, 몽고병이 침입하여 성을 포위하였다. 최춘명은 성을 굳게 지키며 항복하지 않았다. 임금은 몽고군의 대원수인 살례탑의 힐책이 두려워 사람을 보내어 항복을 명하였으나 최춘명은 성문을 닫고 응하지 않았다. 삼군의 장수들이 왕명으로 항복하고 나서 회안공(淮安公) 정(侹 : 왕의 친척)이 대집성(大集成)을 보내어 항복을 명하니, 최춘명이 성루에 앉아 사람을 시켜 대답하여 말하기를

"성 안의 사람들은 회안공을 알지 못한다."

대집성이 성으로 들어오려 하자, 최춘명이 병사들을 시키어 화살을 쏘게 하니 대집성이 급히 도망가 최이(崔怡: 최충원의 아들로 당시의 권력자)에게 참소하였다. 얼마 후에 최이가 그를 죽이려 하였으나 최춘명은 언어와 얼굴빛에 변화가 없었다.

몽고인들이 그 광경을 보고 말했다.

"이 사람이 비록 우리를 거역했지만 너희에게는 충신이다. 우리도 죽이려 하지 않는데 너희가 성을 지킨 충신을 죽이려는 것이 옳은 일인가?"

하고 풀어 줄 것을 강력하게 요청하여 죽임을 면했다. 후에 논공행상(論功行賞:공을 논하여 상을 주는 것)을 할 때에 최춘명이 으뜸으로 꼽히었다. 심

인 물

주문공(朱文公) : 1130-1200. 중국 남송(南宋)의 대학자인 주자. 이름은 희(熹), 자는 원회(元晦), 호는 회암(晦庵). 문공(文公)은 시호이다. 성리학(性理學)을 대성시켰으니, 이를 '주자학(朱子學)'이라고도 한다.

心安茅屋穩이오 性定菜羹香이니라
심 안 모 옥 온 　 성 정 채 갱 향

〈益智書〉

마음이 편안하면 띠집도 안온하고,
성품이 안정되면 나물국도 향기롭다. 익지서

해 설

자신의 욕망을 위하여 남에게 하지 못할 일을 하며 심신을 수고롭게 한다면, 이는 비단옷을 입고 화려한 집에 살아도 올바른 삶이 아니다.

능력이 있어서 사람들이 추천하면, 자신의 욕망을 버리고 공의(公義)를 위하여 최선을 다해 일하고, 추천받지 못하면 돌아와 자연 속에서 밭갈고 독서하는 것이 옛 선비의 도리였다.

훌륭한 사람은 관직에 나가서도, 들에서 농사를 지어도 늘 마음이 한가로운 것이다. 이는 물질적 욕망을 극복하였기 때문이다.

한자 풀이

- 茅(모) : 띠풀, 띠를 베다.
- 屋(옥) : 집, 지붕. 屋上加屋(옥상가옥)
- 穩(온) : 평온하다, 안온하다. 穩和(온화)
- 菜(채) : 나물, 푸성귀. 菜蔬(채소)
- 羹(갱) : 국, 땅 이름.

예화

서경덕(徐敬德 1489-1546)의 호는 화담(花潭)이며 송도 사람이다.

나이 스물 다섯에 조광조에 의하여 어진 인재를 추천하는 현량과에 첫번째로 추천되었으나 벼슬길에 나가지 않았다.

초야에 묻혀 산천을 벗하고 학문에 정진하며 후학을 기르고 싶었기 때문이었다.

마흔셋에 어머니의 간청을 못이겨 과거장에 나가 생원시에 합격하여 성균관에서 벼슬살이에 필요한 공부를 하였다. 그러나 결국은 포기하고 개성으로 돌아와 송악산 기슭의 화담마을에 초막을 짓고 학문에 몰두하였다.

그리하여 '화담 선생'이라는 호칭이 붙여졌고, 멀리 서울에서까지 제자들이 찾아들었다.

그는 낮에는 먹을 것을 잊고, 밤에는 잠자는 것을 잊고 며칠씩 학문에 몰두하였다. 어느 날 제자인 강문우가 쌀을 지고 찾아갔을 때에도 스승은 여전히 화담 위에 앉아 사람들에게 열정을 다해 강론하고 있었다. 강문우가 부엌에 들어가 지고 온 쌀을 내려놓으니, 아랫마을에 살면서 서당의 일을 도우러 왔던 화담의 부인이

"어제부터 쌀이 떨어져 식사를 하시지 못했습니다."

라고 말했다.

제자인 허엽이 찾아갔을 때는 장마로 물이 불어 엿새 만에 화담으로 건너가 보니 스승은 태평하게 거문고를 타며 글을 읊고 있었다.

인사를 끝낸 허엽이 저녁밥을 지으러 부엌으로 들어가 솥뚜껑

을 열어 보니 솥 속에 이끼가 끼어 있었다.

"왜 솥에 이끼가 끼어 있습니까?"

하고 물으니,

"물에 막혀 집사람이 엿새째 오지 않아서 그랬나 보다."

라고 했다 한다. 심

夙興夜寐하여 所思忠孝者는
숙 흥 야 매　　소 사 충 효 자

人不知나 天必知之요
인 불 지　　천 필 지 지

飽食煖衣하여 怡然自衛者는
포 식 난 의　　이 연 자 위 자

身雖安이나 其如子孫에 何오
신 수 안　　기 여 자 손　하

〈景行錄〉

일찍 일어나고 밤늦게 잠들어 충성과 효도를 생각하는 자는
사람은 알지 못하나 하늘이 반드시 알 것이요,
배부르게 먹고 따뜻하게 입고서 안락하게 제 몸만 보호하는 자는
몸은 비록 편안하나 그 자손은 어찌 될 것인가? 경행록

해 설

의식주(衣食住)는 사람뿐만 아니라 다른 동물들에게도 똑같이 중요하다. 또한 더 좋은 의식주를 추구하는 마음도 사람이나 동물이나 마찬가지일 것이다. 그러나 동물에게는 제 분수에 지나친 욕심이 잘못이라는 사실을 분별할 양심이 없지만, 사람에게는 양심이 있어 과욕을 경계한다.

그런 분별력을 지닌 인간이 자신만을 위하여 호화스러운 의식주를 추구한다면, 이를 보고 배운 자식이 또한 그러하리니 이는 걱정스러운 일이다.

한자 풀이

- 興(흥) : 일어나다, 일으키다. 興亡盛衰(흥망성쇠)
- 飽(포) : 배부르다, 싫증이 나다. 飽滿感(포만감)
- 煖(난) : 따뜻하다, 따뜻하게 하다. 煖房(난방)
- 衛(위) : 보호하다, 지키다. 衛星(위성)

예화

조선 영조 때 조현명(趙顯命 1690-1752)은 청렴강직했으며 언행이 단정하고 공사에 분명하였다. 탕평책을 주장하여 붕당에 끼지 않았다. 그가 영의정으로 있을 때였다.

아내의 초상을 당하여 각 지방에서 많은 부조(扶助: 상가나 잔치집에 물건이나 돈을 보내어 돕는 것)가 들어왔다. 초상을 치른 후 살림을 맡아 보던 집사(執事)가 잠시 한가한 때에

"남은 돈으로 땅을 사는 것이 어떻겠습니까?"

하고 상의해 왔다. 조현명이 물었다.

"큰아들의 뜻은 어떠했느냐?"

"예, 큰아드님께서도 좋다고 하셨습니다."

조현명은 그 말을 듣자 아무 말도 않고, 술을 가져오라고 하여 혼자 마셨다. 그리고 자식들을 불렀다. 자식들이 모두 모이자 그는 큰 소리로 나무랐다.

"이 짐승만도 못한 놈들아! 부조 돈으로 땅을 사려 하다니 어미의 송장을 팔아 돈을 벌겠다는 것과 무엇이 다르냐? 더욱이 나는 재상이면서도 땅을 사지 않았는데 너희같은 하찮은 것들이 굶어 죽을까 봐 걱정을 한다는 말이냐?"

그리고는 매를 때리면서 통곡했다.

이튿날이 되자, 그는 부조로 들어온 모든 재물을 가난한 일가와 친구들에게 나누어 주었다. 심

참고

탕평책(蕩平策) : 영조가 당쟁을 없애기 위하여 실시한, 어느 한 당에 치우치지 않는 불편부당(不偏不黨)의 정책.

爾謀不臧이면 悔之何及이며
이 모 불 장 회 지 하 급

爾見不長이면 敎之何益이리오
이 견 불 장 교 지 하 익

利心專則背道요 私意確則滅公이니라
이 심 전 즉 배 도 사 의 확 즉 멸 공

〈景行錄〉

네 꾀가 옳지 못하면 후회한들 어찌 미치겠으며,
네 소견이 훌륭하지 못하면 가르친들 무엇이 이로우리요.
이익을 생각하는 마음만을 오로지 하면 도리를 어기게 되고,
사사로운 뜻이 굳으면 공익을 위하는 마음은 사라지게 된다. 경행록

해 설

'한 가지 일이라도 의롭지 않은 일을 행하며, 한 사람이라도 죄 없는 이를 죽이고 온 세상을 얻는다 하여도 하지 않을 것이다.' 라고 맹자는 말했다.

단 한 번의 악행으로 온 세상이 자기 것이 된다 하여도 결코 해서는 안 되는 것이 인간으로서의 도리이다. 왜냐 하면 악행은 악한 마음에서 나오는데, 악한 마음은 남을 해치는 마음으로 세상을 어둡게 하는 근원이기 때문이다.

한자 풀이

- **爾**(이) : 너, 그러하다.
- **謀**(모) : 꾀, 술책. 謀議(모의)
- **臧**(장) : 착하다, 뇌물.
- **專**(전) : 오로지, 전일하다. 專門(전문)
- **背**(배) : 등, 배반하다. 背景(배경)

예화

퇴계 이황 선생이 그의 손자 안도(安道)를 다음과 같이 타일렀다.

"지금 들으니 유모가 서너 달 된 제 아이를 버려 두고 네 아이를 돌보러 서울로 올라간다고 하는데, 이것은 유모의 아이를 죽이는 것과 다를 게 없다. '근사록'에 이런 일을 논하여 말하길 '남의 자식을 죽여서 자기 자식을 살리는 것은 참으로 옳지 않다.' 고 하였으니, 참으로 이 일과 같은 경우이다. 만약 유모를 반드시 서울로 올려 보내고자 한다면, 차라리 유모의 아이도 데리고 올라가게 하여 두 아이를 함께 기르도록 함이 옳을 것이다. 고의로 자기 아이를 내버리고 가게 하는 것은 어진 사람이라면 차마 못할 일이니, 진실로 마음이 편하지 못할 것이다." 심

서책

근사록(近思錄) : 중국 송(宋)나라 때 주자(朱子)와 그의 친구인 여조겸(呂祖謙)이 함께 지은 책. 심성과 인격의 수양에 도움이 되는 명언을 모아 엮었다.

계성편

(戒 性 篇)

이 편은 '성품[性]을 경계[戒]'하는 데에 힘써야 된다는 선인(先人)들의 말씀을 모은 것이다. 이성(理性)이 욕망을 경계하지 않으면 올바르지 못한 판단을 하기 쉽다. 항상 마음이 흐트러지지 않도록 몸가짐을 바르게 해야 하겠다.

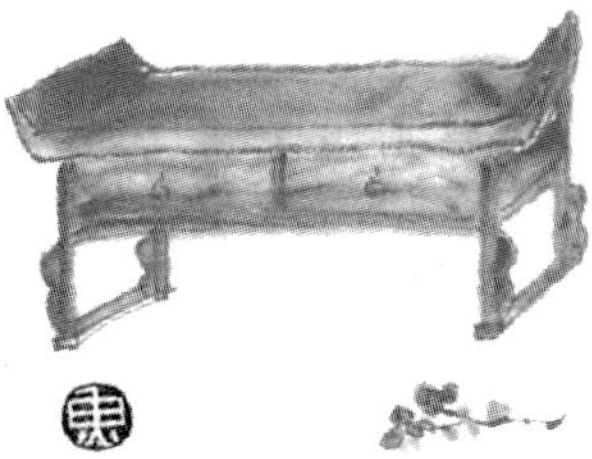

人性이 **如水**하여 **水一傾則不可復**이오
인성 여수 수일경즉불가복

性一縱則不可反이니
성일종즉불가반

制水者는 **必以堤防**하고
제수자 필이제방

制性者는 **必以禮法**이니라
제성자 필이예법 〈景行錄〉

사람의 성품은 물과 같아서 물이 한 번 기울어지면 다시 담을 수 없고, 성품이 한 번 방종해지면 다시 돌이킬 수 없으니,
물을 다스리려면 반드시 제방을 쌓아야 하고 성품을 다스리려면 반드시 예법을 지켜야 한다. 경행록

해 설

'습관이 성품이다'라는 말이 있다. 곧 습관이 오래 되어 굳어지면 성품이 된다는 뜻이다. 나쁜 습관이 한 번 굳어지면 고치기 어렵지만 그 시초는 아주 사소한 호기심이나 부주의에서 비롯되므로 그 처음을 조심하면 고치기 쉽다. 이는 마치 암에 걸려 말기가 되면 치료가 어렵지만 초기에 발견하면 완치되는 것과 같은 이치이다.

한자 풀이

- **傾**(경) : 기울다, 뒤집히다. 傾覆(경복)
- **復**(복) : 돌아오다, 뒤집다. 復歸(복귀)
- **縱**(종) : 방자하다, 놓다. 放縱(방종)
- **堤**(제) : 언덕, 막다. 堤防(제방)

예화

고려 고종 때의 학자 서릉(徐稜 1214-1259)은 유명한 정치가이며 외교가인 서희의 7대손이다. 그의 가훈(家訓)에서 인용한다.

바르다는 것은 공평하고 정직한 것을 가리킨다.

몸가짐을 바르게 하는 것은 언제 어디서 무슨 일을 하든 쓰이지 않는 일이 없으므로, 사람이 살아가는 데에 가장 중요한 일로 여겨진다.

사람이 착하게 되고 악하게 되는 것은, 하늘이 태어날 때부터 정해 놓은 것이 아니라, 어릴 때부터의 습성으로 이루어지는 것이다.

이런 까닭으로 바른 것을 배우면 공평하고 정직한 행실을 알아서 어버이에게는 효도하고, 형제간에는 우애하여서, 참되고 미더운 사람이 된다.

바르지 않은 것을 배우면 공평하고 정직한 행실을 알지 못하여 어버이에게 효도하지 않고, 형제간에 우애하지 않아, 참되고 미더운 사람이 되지 못한다. 심

得忍且忍하고 **得戒且戒**하라
득 인 차 인 득 계 차 계

不忍不戒면 **小事成大**니라
불 인 불 계 소 사 성 대

〈景行錄〉

참을 수 있으면 우선 참고, 경계할 수 있으면 우선 경계하라.
참지 않고 경계하지 않으면 작은 일이 크게 된다. 경행록

해 설

만주 하얼빈에서 조선 침략의 원흉 이토 히로부미[伊藤博文]를 사살한 안중근 의사(義士)는 글씨에 뛰어났다. 그런데 그의 유필(遺筆) 중에는 '참을 인[忍]' 자가 눈에 많이 띈다.

나라의 주권을 상실하고 외세에 핍박받는 민중을 보면서 그가 느꼈을 의분을 상상해 보면 참을 인 자가 그에게 어떤 의미였는지 짐작할 수 있으리라.

한자 풀이

- 得(득) : 얻다, ~할 수 있다.
- 忍(인) : 참다, 견디어 내다. 忍耐(인내)
- 且(차) : 또, 우선. 重且大(중차대)

예화

조선 세종 때 사람 윤회(尹淮 1380-1436)가 젊었을 때에 고향에 간 적이 있었는데, 날이 저물어 여관에 투숙하려 하니 여관 주인이 투숙을 허락하지 않았다. 할수없이 마당가에 앉아 있는데, 주인집 아이가 큰 진주를 가지고 나오다가 마당 가운데에 떨어뜨리자 곁에 있던 흰 거위가 곧 그것을 삼켜 버렸다. 얼마 뒤 주인이 진주를 찾다가 찾지 못하고, 윤회를 의심하여 그를 묶고 아침이 되면 관가에 알리려고 하였다. 그는 주인과 다투지 아니하고,

"저 거위도 내 곁에 매어 놓으시오."

라고 말할 뿐이었다. 아침에 진주가 거위의 항문으로부터 나왔다.

주인이 부끄러워하며 사과를 하였다.

"어제 왜 말씀을 안 하셨소?"

윤회가 말하였다.

"어제 말을 했다면 주인장은 반드시 거위를 죽이어 진주를 찾았을 것이오. 그러므로 욕됨을 참고 기다렸소."

屈己者는 能處重하고 好勝者는 必遇敵이니라
굴기자 능처중 호승자 필우적

〈景行錄〉

자기를 굽히는 사람은 중요한 지위에 처할 수 있고,
이기기를 좋아하는 사람은 반드시 적을 만난다. 경행록

해 설

'뛰는 놈 위에 나는 놈이 있다.'는 속담이 있고, 또 '헤엄을 잘 치는 사람은 물에 빠져 죽는다.'는 말이 있다. 자신의 능력을 과시하지 말고 겸손한 자세를 가져야 한다는 교훈이다.

스포츠 경기뿐 아니라 어느 분야에서도 승자와 패자는 있게 마련이다. 이긴 쪽은 박수를 받지만 진 쪽은 관심을 끌지 못한다. 그러므로 누구나 승리를 갈망하지만 평생에 한 번도 패배하지 않는 사람은 없다.

진정한 승리자는 자기 자신과의 싸움에서 이긴 사람이다.

한자 풀이

- 屈(굴) : 굽히다, 물러나다. 屈服(굴복)
- 處(처) : 살다, 머물다. 處地(처지)
- 遇(우) : 만나다, 뜻이 맞다. 不遇(불우)

예화

중국 진(秦)나라 말기 사람 한신(韓信)은 한 고조(漢高祖) 유방(劉邦)을 도와 천하를 통일하는 데 혁혁한 공을 세운 명장으로 유명하다.

명장으로 이름을 날린 그였지만 어려서는 집이 가난하여 굶기를 밥먹듯이 하였다. 하루는 마을의 도살장에서 일하는 소년 가운데 한신을 깔보고 욕보이는 자가 있어 여러 사람들 앞에서 말하기를

"한신, 죽고 싶거든 나를 찌르고, 살고 싶으면 내 바지 가랑이 밑으로 기어가라."

하니, 한신이 고개를 숙이고 바지 가랑이 밑으로 기어나왔다. 온 시장 바닥 사람들이 모두 한신의 겁 많음을 비웃었다.

뒤에 한신은 전쟁에서 많은 공을 세워 제(齊)나라 왕에 봉해졌다. 지위가 높아졌어도 그는 어려서 자신을 욕보였던 소년에게 보복하지 않고 불러서 벼슬을 주었다고 한다. 심

凡事에 留人情이면 後來에 好相見이니라
범사 유인정 후래 호상견

〈景行錄〉

모든 일에 인정을 두면 뒷날 만났을 때
좋은 낯으로 서로 보게 된다.

경행록

해 설

요즘 세상이 각박해진 이유는 인정이 메말랐기 때문이다. 또 인정이 메마른 까닭은 사람을 존중하는 마음이 없어서이다.

남을 존중함은 바로 자신을 존중하는 것이다. 왜냐 하면 사람은 혼자서는 세상을 살 수 없는 법, 마치 지금 헌혈을 하면 뒤에 수혈의 혜택이 보장되는 것과 같은 이치이다.

인정을 베풀 수 있을 때 많이 베풀자. 그것은 미래에 대한 더없는 투자이다.

한자 풀이

- 凡(범) : 평범하다, 무릇. 凡人(범인)
- 留(류) : 머무르다, 기다리다. 留宿(유숙)
- 後(후) : 뒤, 뒤떨어지다. 後日(후일)

예화

토정비결의 저자로 유명한 토정(土亭) 이지함(李之菡 1517-1578)은 의약 · 천문 · 지리 · 음양 · 술서에 두루 능통한 학자로, 그와 관련된 일화(逸話:널리 알려지지 않은 이야기)가 많다.

그의 애민 정신(愛民精神)을 엿볼 수 있는 이야기 하나를 소개한다.

이지함은 혼례를 치루고 이튿날 아침 일찍 외출을 했다. 그러나 저녁에 돌아올 때는 입고 나갔던 도포를 어디다 벗어 놓았는지 홑저고리 차림이었다.

집안 사람들이 물었다.

"도포는 어떻게 하고 홑저고리 차림으로 돌아오십니까?"

이지함이 대답했다.

"홍제교를 지날 때 보니 거지 아이들이 추위에 너무 떨고 있기에 그들에게 옷을 해 입혔습니다." 심

근학편 · 권학편

(勤 學 篇) · (勸 學 篇)

이 편은 '배움[學]을 부지런히[勤]' 해야 된다는 말씀을 모은 것이다. '배우는 사람은 먼저 뜻을 세워야 한다.'고 율곡 선생은 말했다. 뜻(목적)이 있어야 방법(지식)을 구할 것이요, 방법이 서야 실천이 따를 것이다. 학문에 관한 글이므로 권학편(勸學篇)을 더하여 한 편으로 묶었다.

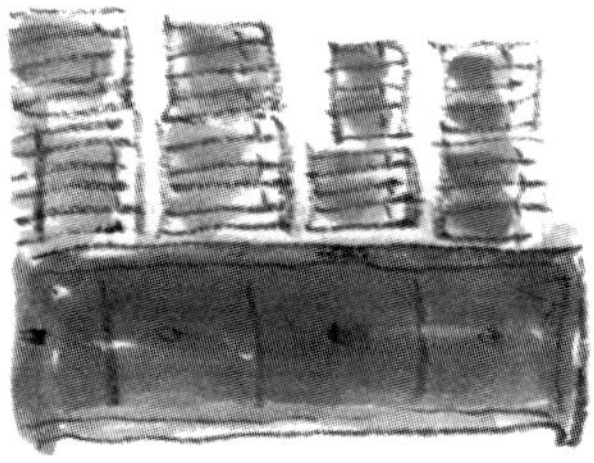

博學而篤志하고 切問而近思면
박 학 이 독 지　　절 문 이 근 사

仁在其中矣니라
인 재 기 중 의　　〈子夏〉

널리 배워서 뜻을 두텁게 하고, 간절하게 묻고 생각을 가까이하면 어짐이 그 속에 있다. 자하

해 설

학문의 목적은 인격 수양에 있다. 위의 말은 인격 수양의 목표인 인(仁)을 성취하는 방법을 단계별로 설명하고 있다.

나의 좁은 소견에 매달리지 말고, 선인(先人)의 가르침을 널리 배워 '참다운 나의 길이 무엇인가?'를 확실히 깨달아야 한다. 그리고 생활하면서 생겨나는 세세한 의문들을 정성을 다해 풀어가며 실천 가능한 것부터 실천해 간다. 그리하면 어느덧 인(仁)을 얻을 수 있다고 강조하고 있다.

한자 풀이

- 博(박) : 넓다, 넓히다. 博學多識(박학다식)
- 篤(독) : 도탑다, 굳다. 篤實(독실)
- 切(절) : 간절하다, 끊다. 切迫(절박)

예화

자사(子思)는 그가 지은 중용(中庸)에서 깨달음을 구하는 단계를 학문사변행(學問思辨行)으로 설정하고 있다. 즉 '선(善)한 것을 택하여 굳게 지키는 것이다.' 선을 택하면 밝아지고, 굳게 지키면 강해진다.

"널리 배우며 자세히 따져서 물으며 조심스럽게 생각하며 명확하게 분별하며 독실하게 행한다.

배우지[學] 않음이 있을지언정 배우게 되면 능숙해지지 않고서는 그만두지 않으며,

묻지[問] 않음이 있을지언정 묻게 되면 알지 않고서는 그만두지 않으며,

생각하지[思] 않음이 있을지언정 생각하게 되면 터득하지 않고서는 그만두지 않으며,

분별하지[辨] 않음이 있을지언정 분별하게 되면 명확하지 않고서는 그만두지 않으며,

행하지[行] 않음이 있을지언정 행하게 되면 독실해지지 않고서는 그만두지 않는다.

남이 한 번에 한다면 나는 백 번을 하고, 남이 열 번에 한다면 나는 천 번을 한다.

마침내 이 방법을 실천할 수 있다면 비록 우매한 사람이라 하더라도 반드시 총명해질 것이고, 비록 유약한 사람이라 하더라도 반드시 굳세어질 것이다." 심

인 물

자하(子夏) : 공자의 제자. 성은 복(卜)이고, 이름은 상(商)이다.

자사(子思) : 공자의 손자, 증자의 제자. 이름은 급(伋), 자사는 자(字). 중용(中庸)을 지었음.

서책

중용(中庸): 사서(四書)의 하나. 공자의 손자 자사(子思)가 지었음. 어느 곳에도 치우치지 않고 지나치거나 부족함이 없는 떳떳한 도리를 기술하였다.

人之不學은 如登天而無術하고
인지불학 여등천이무술

學而智遠이면 如披祥雲而覩青天하고
학이지원 여피상운이도청천

登高山而望四海니라
등고산이망사해 〈莊子〉

사람이 배우지 않음은 하늘에 오르려는데 재주가 없는 것과 같고, 배워서 지혜가 원대해지면 상서로운 구름을 헤치고 푸른 하늘을 보고, 높은 산에 올라 사해를 굽어보는 것과 같다. 장자

해설

우리가 원시 상태에 머물지 않고 오늘날 문명 세계에서 살아가는 것은 선인(先人)이 이룩해 놓은 것을 이어받아 창조적으로 발전시키기 때문이다. 정신적인 것이든 물질적이든 배우지 않고는 문명인으로 살아가기가 어렵다. 알면 쉽고 모르면 어려운 것이다. '진리가 너희를 자유롭게 하리라' 이 말을 다시 한 번 음미해 보자.

한자 풀이

- 術(술) : 방법, 계략. 術法(술법)
- 登(등) : 오르다, 타다. 登山(등산)
- 披(피) : 헤치다, 열다.
- 祥(상) : 상서롭다, 복. 祥瑞(상서)
- 覩(도) : 보다. 目覩(목도)

예화

조선 시대 성리학자로 유명한 화담 서경덕(徐敬德 1489-1546) 선생이 어렸을 때의 이야기이다.

그의 집은 가난하여 경덕의 부모는 어린 경덕에게 날마다 들에 나가 나물을 뜯어 오게 했다. 그러나 경덕은 매일 늦게 돌아오면서 나물은 소쿠리에 반도 차지 않았다. 어느 날 그의 어머니가 그 까닭을 물었다.

"너는 어째서 날마다 늦게 돌아오면서 나물은 소쿠리에 반도 차지 않느냐?"

경덕이 대답하였다.

"나물을 뜯으며 보니, 어린 새 한 마리가 하늘로 날아오르려고 애를 쓰고 있었습니다. 첫날에는 땅에서 겨우 한 자쯤 날아올랐습니다. 다음 날은 두 자, 그 다음 날은 세 자를 날아오르더니 점점 높이 하늘로 날아올랐습니다. 그 이치를 살피다 보니 늦게 돌아오게 되었습니다." 십

참고

사해(四海): 사방의 바다라는 뜻으로, 온 세상을 말한다.
성리학(性理學): 사람의 성품과 자연의 이치를 공부하는 학문.

人不通古今이면 馬牛而襟裾니라
인불통고금 마우이금거

〈韓文公〉

사람이 고금(古今)의 일을 알지 못하면.
마소에 옷을 입힌 것과 같다.

한문공

해 설

지금 우리가 옛 선인(先人)들의 가르침을 배울 수 있는 것은 그분들의 언행이 기록된 책이 있기에 가능하다. 책은 시간과 공간을 뛰어넘어 옛 선인들을 만날 수 있게 해 준다. 그런데 고전(古典)이라면 무조건 읽기 싫어하는 사람들이 있는데, 이는 하나만 알고 둘을 모르는 좁은 소견이다.

예로부터 전해 오는 고전은 스스로 생명력을 가져, 수천 년 동안 인류의 사랑을 받아 온 인류의 보배이다. 또한 오늘날의 지식은 옛 고전의 토양에서 자라났기 때문에 고전을 배제한 지식은 뿌리가 없는 나무와 같아 튼튼하게 자랄 수가 없다.

한자 풀이

- 通(통): 통달하다, 꿰뚫다. 通達(통달)
- 襟(금): 옷깃, 가슴.
- 裾(거): 옷깃, 옷자락.

예화

옛날 어느 산골에 도둑들이 오가는 사람들의 재물을 빼앗곤 하였다.

가까운 곳에 절이 하나 있어 노스님 한 분이 계셨는데, 스님은 도둑들이 나올 때마다 산에 올라 소리내어 꾸짖었다.

"도둑들아 듣거라. 세상의 재물은 사람이 잠시 맡아 두는 것이어늘 어찌 남의 것을 빼앗아 욕심을 채우려 하느냐?"

어느 날 도둑들은 앙심을 품고 우르르 절로 몰려왔다. 도둑은 스님을 칼로 위협하며 말했다.

"말만 잘하는 늙은 중아, 너희들이 말하는 부처의 진리는 어디 있느냐? 어디 우리에게 보여 보아라."

스님은 태연하게 대답하였다.

"불법은 중생의 가슴 속에 있느니라."

"사람의 가슴 속에 있다구? 헛소리 말라. 나같은 도둑에게 불법이 있을 리 없다. 어디 너의 가슴에는 있는지 들여다 보자."

시퍼런 칼을 스님의 가슴에 들이대며 금방 찌를 듯이 다가왔다. 그러자 스님은 미소지으며 말했다.

"허허……. 누에에서 비단실이 나온다고 누에의 입을 자르면 비단실이 보인다더냐? 꽃이 예쁘다고 줄기를 자르면 꽃을 볼 수 있다더냐? 그것이 밖으로 드러날 때에야 비로소 비단실이 되고, 꽃이 되느니라."

이 말에 감동한 도둑은 칼을 떨구고 무릎을 꿇고서 잘못을 빌었다.

그리고 불제자가 되었다고 한다. 심

인 물

한문공(韓文公 768-824) : 중국 당(唐)나라 덕종(德宗) 때의 학자. 이름은 유(愈), 자는 퇴지(退之). 시호는 문(文). 당송팔대가(唐宋八大家) 중 으뜸으로 치며, 창려선생집(昌黎先生集) 50권을 남겼다.

家若貧이라도 **不可因貧而廢學**이오
가 약 빈　　　불 가 인 빈 이 폐 학
家若富라도 **不可恃富而怠學**이니
가 약 부　　　불 가 시 부 이 태 학
貧若勤學이면 **可以立身**이요
빈 약 근 학　　　가 이 입 신
富若勤學이면 **名乃光榮**이니라
부 약 근 학　　　명 내 광 영

〈朱文公〉

집이 만약 가난하더라도 가난함을 이유로 배움을 그만두어서는 안 되고,
집이 만약 부유하더라도 부유함을 믿고 배움을 게을리해서는 안 된다.
가난하면서 부지런히 배운다면 몸을 세울 수 있을 것이요,
부유하면서 부지런히 배운다면 이름이 더욱 빛날 것이다.

주문공

해 설

주문공(朱文公: 주자)은 위의 말에 이어서 다음과 같이 말하고 있다.

"오직 배운 자가 훌륭해지는 것을 보았으며, 배운 사람으로써 성취하지 못하는 것을 보지 못했다. 배움이란 곧 몸의 보배요, 배운 사람이란 곧 세상의 보배다. 그러므로 배우면 군자(君子)가 되고 배우지 않으면 소인(小人)이 될 것이니, 뒷날 배우는 자들은 마땅히 각각 배움에 힘써야 할 것이다."

한자 풀이

- 廢(폐): 폐하다, 그만두다. 廢止(폐지)
- 恃(시): 믿다, 자랑하다.
- 怠(태): 게으르다, 업신여기다. 怠慢(태만)
- 榮(영): 영화, 꽃. 榮轉(영전)

예화

문장 도덕으로 유명한 서기(徐起 1523-1591 호는 고청)는 노비 출신이었고 토정 이지함의 제자이다. 조선 시대에 노비 신분으로 학자가 된다거나 도덕으로 남의 존경을 받는 경지에 이른다는 것이 얼마나 어려운 일인가는 새삼 얘기하지 않아도 짐작이 가는 일이다.

한 마디로 그것은 불가능한 일이며 낙타가 바늘 구멍으로 들어가는 것보다 어려운 일이었다. 신분의 틀에 갇혀서 글을 배울 기회가 전혀 주어지지 않았기 때문이다.

서기는 어릴 적부터 상전의 어깨 너머로 글을 익혔다. 고된 일을 하는 틈틈이 글자 하나라도 알게 되면 수십 수백 번을 되풀이하면서 글자의 뜻을 사색하기도 하고 혼자 땅바닥에 써 보기도 했다. 이러기를 여러 해 하는 동안 아는 글자가 늘어 갔고 글자 하나하나에 담긴 뜻도 마음 속에 깊이 새겨져 갔다.

그의 상전은 심충겸(沈忠謙 ?-1594)인데 학자였고 어진 분이었다.

심충겸은 자기집 종 서기가 피나는 노력으로 학문을 이루어 간다는 것을 알고, 그에게 제대로 공부할 기회를 주었다. 후에는 노비의 신분에서 해방시켜 주었을 뿐 아니라 그를 부를 때는 꼭 처사라고 했다. 그만큼 그를 존중해 주었던 것이다. 그래서 당시 사람들은,

"종도 가상하지만 그 상전도 어질다"

고 하였다. ㉦

學如不及이요 猶恐失之니라
학 여 불 급 유 공 실 지

〈論語〉

배우기는 미치지 못한 것 같이 하고,
오직 배운 것을 잃을까 두려워할지니라. 논어

해 설

사람들은 재물을 얻고자 노력하고, 그것을 지키기 위해서 최선을 다한다.

한 푼이라도 더 벌기 위해 안달하고, 이미 번 돈은 또 한 푼이라도 잃을까 걱정한다.

배움도 재물을 추구하듯이 하여야 한다. 더 깨달기 위해 노력하고, 이미 깨달은 것은 날마다 실천하여야 한다.

한자 풀이

- **如**(여) : 같다. 如前(여전), 如意珠(여의주)
- **及**(급) : 미치다, 이르다. 後悔莫及(후회막급)
- **猶**(유) : 오히려, 원숭이, 같다. 過猶不及(과유불급)
- **恐**(공) : 두려워하다, 으르대다. 恐怖(공포)

예화

달빛이 밝은 고요한 밤에 불도 켜지 않은 채, 허조(許稠 1369-1439 호는 경암)는 조용히 앉아 사색에 잠겨 있었다. 그 때 검은 두건을 쓰고 담을 넘어온 도둑이 허조의 방문 앞에서 허조의 그림자를 보고 놀라 우뚝 섰다.

허조가 움직이지 않고 앉아 있었기 때문에, 도둑은 불상이나 인형인 줄 알았다.

그제서야 도둑은 마음놓고 도둑질을 하여 유유히 담을 넘어 도망쳤다.

얼마 후, 집안 식구들이 허조가 앉아 있는 서재 앞으로 몰려들었다.

그들은 허조가 무사한 것에 안도하면서도,

"쭉 앉아 계셔서 도둑이 든 것을 아셨을 텐데 헛기침이라도 하셔서 도둑을 몰던지, 분부라도 내리셨으면 그깟 도둑 하나쯤 금세 잡았을 것입니다. 잡을 수 있었던 도둑을 놓쳤습니다."

라며 원망하는 투였다.

그러자 허조는 이렇게 말하였다.

"밖으로부터 들어와 재물을 훔쳐가는 도둑보다, 어느 틈엔가 내 마음 속에 숨어 들어 곧은 마음을 훔쳐 가는 마음 도둑을 잡는 것이 더욱 중요하였다. 그 때 나는 그 마음 도둑과 치열하게 다투고 있던 중이었다."

선현이 '마음을 닦는 것' 을 얼마나 중히 여겼는가를 알아볼 수 있는 이야기이다. 십

勿謂今日不學而有來日하며
물 위 금 일 불 학 이 유 내 일
勿謂今年不學 而有來年하라
물 위 금 년 불 학 이 유 내 년
日月逝矣라 歲不我延이니
일 월 서 의 세 불 아 연
嗚呼老矣라 是誰之愆고
오 호 노 의 시 수 지 건 〈朱子〉

오늘 배우지 않으면서 내일이 있다고 말하지 말며,
올해 배우지 않으면서 내년이 있다고 말하지 말라.
해와 달은 가고 세월은 나를 기다려 주지 않으니,
아! 늙었구나, 이것이 누구의 잘못인가? 주자

해 설

봄에 씨앗을 뿌리지 않고 가을에 수확할 수 있겠는가? 미래를 위해 준비해야 할 일을 가슴에 새기기만 하고 당장 실천하지 않는다면 아무것도 이룰 수 없다. 사람의 일생에서 공부에 전념할 수 있는 기간은 그리 길지 않다. 어른이 되면 그 때에 맞추어 해야 할 일이 너무도 많기 때문이다.

청소년기에 때를 놓치지 말고 열심히 노력하여야, 인생이 값지고 노년이 평안하다.

한자 풀이

- 逝(서) : 가다, 죽다. 逝去(서거)
- 延(연) : 끌다, 인도하다. 延長(연장)
- 誰(수) : 누구, 어떤 사람.
- 愆(건) : 잘못, 죄. 愆過(건과)

예화

조선 명종 때의 학자로서 우리 나라 최초의 서원(書院)인 백운동 서원을 창설한 주세붕(周世鵬 1495-1554)은, 젊은이들에게 이렇게 말했다.

"글의 뜻을 깊이 연구하고 마음을 다잡아 힘써 나아가야 하며, 잠시도 마음을 늦추어서는 안 된다.

'오늘 못 하면 내일 하지.' 하는 생각을 갖게 되면 끝내 자기 발전은 이룩할 수 없다.

내일 내일 하는 사이에 머리가 희게 될 것이니, 그 때 가서 후회한들 무슨 소용이 있겠는가." 십

少年易老學難成하니 一寸光陰不可輕이라
소 년 이 로 학 난 성 일 촌 광 음 불 가 경

未覺池塘春草夢인데 階前梧葉已秋聲이라
미 각 지 당 춘 초 몽 계 전 오 엽 이 추 성

〈朱子〉

젊은 나이는 이내 늙어지고 학문은 이루기 어려우니,
한 치의 짧은 시간도 가벼이 여기지 말라.
못가의 풀은 아직 봄꿈에서 깨어나지 못했는데,
어느덧 섬돌 앞의 오동나무는 벌써 가을 소리를 내네. 주자

해 설

'세월은 쏜 살보다 빠르다'는 말이 있다. 우리는 어렸을 적에 어른들로부터 시간을 낭비하지 말고 공부를 해야 한다는 말을 귀가 따가울 정도로 들으면서 자란다. 그러나 안타깝게도 세월이 빠르다는 사실을 자신이 뼈저리게 느낄 때는 이미 나이가 들어버린 뒤이다.

훌륭한 사람이 되느냐 되지 못하느냐는 '세월이 빠르다'는 사실을 어느 시점에 깨닫느냐에 달려 있다.

한자 풀이

- **陰**(음): 그늘, 어둡다. 陰地(음지)
- **池**(지): 연못, 바다. 貯水池(저수지)
- **塘**(당): 못, 저수지.
- **階**(계): 섬돌, 층계. 階段(계단)
- **梧**(오): 오동나무. 梧桐(오동)

예화

중국 동진(東晋)의 은자(隱者) 도연명(陶淵明 365-427)은 다음과 같은 시를 읊었다.

일생에 청춘은 두 번 오지 아니하고,
하루에 새벽은 두 번 있지 아니하니,
주어진 시간에 최선을 다하라.
세월은 사람을 기다리지 않는다. 심

참고

광음(光陰): 해와 달, 곧 낮과 밤. 세월, 시간을 뜻한다.
은자(隱者): 세상의 번잡함을 떠나 숨어 사는 사람.

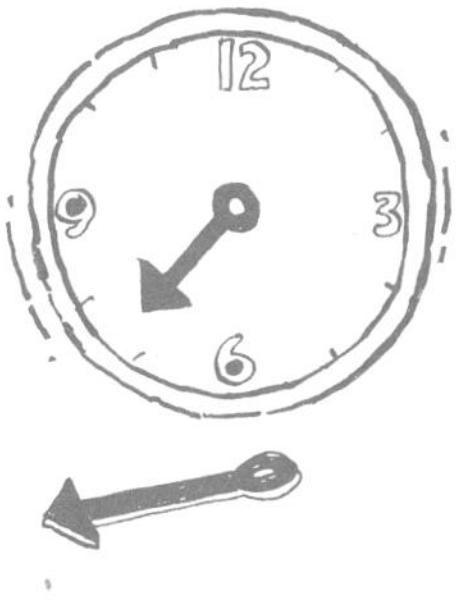

不積蹞步면 無以至千里요
부 적 규 보　　무 이 지 천 리

不積小流면 無以成江河니라
부 적 소 류　　무 이 성 강 하

〈荀子〉

반 걸음이 쌓이지 않으면 천리에 이르지 못할 것이요,
작은 물이 모이지 않으면 강하를 이루지 못할 것이다. 순자

해 설

인류 역사상 위대한 발자취를 남긴 성인은 태어나면서부터 모든 것을 다 아는 사람이라고 생각하기 쉽지만 사실은 그렇지 않다. 그들은 모두 꾸준히 갈고 닦아 드디어 지혜의 금자탑을 쌓은 분들이다.

'떨어지는 물방울이 바위를 뚫는다'는 정신을 되새겨 보자.

한자 풀이

- **積**(적) : 쌓다, 저축하다. 積善(적선)
- **蹞**(규) : 반 걸음, 작은 걸음.
- **流**(류) : 흐르다. 流行(유행), 번져나가다. 氣流(기류)
- **江**(강) : 강 이름. 양자강(揚子江)의 옛 이름.
- **河**(하) : 강 이름. 황하(黃河)의 옛 이름.

예화

중국 당(唐)나라의 유명한 시인 이백(李白 701-762 : 이태백)은 두보(杜甫 712-770)와 쌍벽을 이루었다.

두보가 현실적 사실적 시를 쓴데 비해 그는 낭만적 자아를 시에 표현했다. 그는 젊었을 때 절에서 공부를 하였는데, 학업이 나아가지 않고 그 자리에 맴돌고 있어 세월만 허송하고 있다고 생각했다.

짐을 싸들고 집으로 돌아가려고 절문을 나서는데, 길가에서 웬 노파가 쇠절굿공이를 돌에 갈고 있었다.

커다란 돌에 쇠뭉치를 갈고 있으니, 도대체 무엇 때문에 그런 일을 하고 있는지 궁금했다.

이태백이 걸음을 멈추고 물었다.

"도대체 뭘 하려고 쇠뭉치를 갈고 있습니까?"

"이것을 갈아서 바늘을 만들 작정이오."

이태백은 어이가 없어 더 이상 말을 하지 않고, 가던 길을 재촉하다 문득 이상한 생각이 들어 걸음을 멈췄다.

빠른 걸음으로 되돌아가 보았으나 노파의 모습은 흔적도 없었다.

"신선이 나를 일깨워 주었도다."

학문은 오랫동안 갈고 닦아 노력과 인내로 거두는 결실이지, 몇 년의 공부로 얻으려 하다니, 어리석었도다!

이태백은 다시 절로 돌아가 꾸준히 노력하여, 마침내 시선(詩仙)이라 일컬어지며 시성(詩聖) 두보와 함께 중국 역사에 빛나는 대시인이 되었다. 심

인 물

순자(荀子) : B.C 313-B.C 238. 중국 전국 시대 조(趙)나라의 학자. 그의 학문은 공자를 종주로 하는데, 사람의 본성은 악하기 때문에 예의로 바로잡아야 한다는 성악설(性惡說)을 주장하여 맹자의 성선설(性善說)과 정면으로 대립한다. 한비자(韓非子)와 이사(李斯)는 그의 문하생(門下生)이다.

훈자편 · 입교편

(訓 子 篇) · (立 敎 篇)

이 편은 '자녀[子] 교육[訓]에' 대한 선인(先人)들의 말씀을 모은 것이다. '자식 농사가 제일이다'라는 말은 교육을 농사에 비유한 것이다. 좋은 씨앗 · 비옥한 토지만으로 풍년을 기약할 수 없듯, 좋은 두뇌 · 부유한 가정만으로는 훌륭한 자녀를 기대할 수 없다. 몸소 모범을 보이는 것이 가정 교육의 핵심이다.

賓客不來면 **門户俗**하고
빈 객 불 래 　 문 호 속

詩書無教면 **子孫愚**니라
시 서 무 교 　 자 손 우

〈景行錄〉

손님이 오지 않으면 문호(門戶: 가문)가 속되어지고,
시서(詩書)를 가르치지 않으면 자손이 어리석어진다. 경행록

해 설

가족은 오래 한 공간에서 살아 예를 잃어버릴 수가 있다. 그러다 손님이 오면 남을 의식하고 체면치레를 하며 예의바른 언행을 하게 된다. 때문에 손님은 부족한 나를 찾아온 은혜로운 사람이며, 자칫 잃어버리기 쉬운 가정의 법도를 일깨워 주는 고마운 사람이다.

시서(詩書)는 시경(詩經)과 서경(書經)을 가리키는데, 이를 배워야 하는 까닭은, 시경의 시를 배우지 않으면 감정과 언어가 거칠어지고, 서경의 역사를 배우지 않으면 현실에 어두워지기 때문이다.

한자 풀이

- **賓**(빈): 손, 손님. 賓客(빈객)
- **客**(객): 손님, 의탁하다. 客主(객주)
- **俗**(속): 풍속. 속되다. 俗人(속인)
- **愚**(우): 어리석다, 둔하다. 愚昧(우매)

예화

강희맹의 후손 정일당(精一堂) 강씨(姜氏 1772-1832)는 여류 시인으로 서화에도 뛰어났다.

다음 말은 빈객 접대(賓客接待)에 대하여 남편에게 준 글이다.

"아침에 손님이 가실 적에 왜 만류하시지 않으시었습니까? 보통 사람도 오히려 그리해서는 아니되는데 더구나 어진 사람이 그리하실 수 있겠습니까? 필시 제가 병중인지라 수고로울까 하여 그리하신 것으로 생각됩니다. 그러나 항아리에는 아직 한 되쯤의 쌀이 있고 병세도 어제보다 나아졌으니, 어찌 일개 아녀자의 노고를 걱정하여 집안의 법도를 무너뜨리십니까? 빈객 접대는 조상을 받드는 일만큼 중요한 일이니, 집안의 큰 일로 결코 소홀히 할 수 없습니다." 심

事雖小나 **不作**이면 **不成**이오
사 수 소　부 작　불 성

子雖賢이나 **不教**면 **不明**이니라
자 수 현　불 교　불 명

〈莊子〉

일이 비록 작더라도 하지 않으면 이루지 못하고,
자식이 비록 총명하더라도 가르치지 않으면 현명하지 못하다.

장자

해 설

들판의 식물들도 열심히 노력하여 뿌리를 내리고 자라난다. 산천의 동물들도 나면서부터 생존하기 위하여 부지런히 움직인다. 세상에 노력하지 않고 살아가는 생물은 아무것도 없다. '뜻을 세웠다면 그 방법을 세워야 할 것이고 꾸준히 노력해야 할 것이다.' 배워야 밝아지고 행해야 이루어진다.

한자 풀이

- **雖**(수) : 비록.
- **作**(작) : 행하다, 일으키다.　作業(작업)
- **成**(성) : 이루다, 정하여지다.　成功(성공)
- **明**(명) : 밝다, 환하다.　明確(명확)

예화

조선 선조 때의 명필 한석봉(韓石峰 1543-1605 석봉은 호)의 이름은 한호(韓濩)였는데, 그의 글씨는 지금까지도 최고의 솜씨로 알려져 있다. 석봉은 일찍 아버지를 여의고, 떡장수를 하는 홀어머니의 슬하에서 성장하였다.

석봉이 열살 쯤 되었을 때, 어머니는 그를 먼 곳에 보내어 공부시키었다. 어느 날 석봉은 홀로 계시는 어머니가 그리워 집으로 돌아왔다.

어두운 밤에 집에 이르렀는데, 어머니는 그 때까지 떡을 썰고 계셨다.

"어머니, 공부를 마치고 돌아왔습니다."

석봉은 반가운 얼굴로 어머니 앞에서 절을 올렸다. 그러나 어머니는 조금도 반기는 기색이 없이 이렇게 말하였다.

"너의 공부가 어디에 이르렀는지 보자. 등잔불을 끄고 나는 떡을 썰 테니, 너는 글씨를 써 보아라."

어머니는 등잔불을 끄고 떡을 썰기 시작하였고, 석봉도 어둠 속에서 글씨를 썼다.

이윽고 등잔불을 켜고 보니 어머니가 썬 떡은 크기가 같고 단정한데, 석봉의 글씨는 크고 작고 볼품이 없었다.

"다시 돌아가거라. 성공할 때까지는 이 어미를 찾지 말아라."

석봉은 모처럼 집에 돌아왔으나 하룻밤도 쉬지 못하고 돌아가야만 하였다.

그 후, 석봉은 열심히 공부하여 명필이 되었고, 나라의 외교 문서를 작성하는 높은 벼슬아치가 되었다. 쉽

黃金滿籯이 不如教子一經이요
황 금 만 영　불 여 교 자 일 경

賜子千金이 不如教子一藝니라
사 자 천 금　불 여 교 자 일 예

〈漢書〉

황금이 상자에 가득 차 있다 해도 자식에게 경서 하나를 가르치는 것보다 못하고,
자식에게 천금을 물려 준다 해도 기술 한 가지를 가르치는 것보다 못하다. 한서

해 설

재물은 있다가도 없을 수 있지만, 인격과 기술은 평생을 갖고 산다. 재물은 편리한 물건이지만, 사람을 교만하게도 하고 때로는 쉽게 타락하게도 한다. 인격은 인간 관계를 아름답게 하고 기술은 인간의 생활을 편리하게 한다. 옛사람이 재물보다도 경전(經傳:성현의 언행을 기록한 책)과 기술을 중히 여긴 까닭이 여기에 있다.

한자 풀이

- 籯(영): 광주리, 상자.
- 賜(사): 주다, 하사하다. 賜與(사여)
- 藝(예): 재주, 심다. 藝能(예능)

예화

조선 세종 때 문장과 의학에 정통한 유효통(兪孝通) 선생이 아들을 결혼시키며 예물함을 보냈다.

사돈인 정승 황보인(皇甫仁 ?-1453)이 그 함을 열어 보니 모두 책뿐이었다.

그 자리에 있던 손님들이 모두 깜짝 놀랐다. 나중에 황보인이 그 까닭을 물으니, 유효통은 이렇게 대답했다.

"'황금이 상자에 가득하더라도 자식에게 한 권의 경서(經書)를 가르치는 것보다 못하다.'는 옛말이 있으니, 혼인날 함에 어찌 책을 예물로 넣지 못하겠습니까?" 십

서책

한서(漢書): 중국 한 고조(漢高祖)에서 왕망(王莽)까지 229년의 역사를 기록한 책. 모두 120권이다.

至樂은 莫如讀書요 至要는 莫如敎子니라
지락 막여독서 지요 막여교자

〈漢書〉

지극한 즐거움은 책을 읽는 것보다 더한 것이 없고,
지극히 중요한 것은 자식을 가르치는 것보다 더한 것이 없다.

한서

해 설

성공적인 삶을 살기 위해서는 선인(先人)들의 지혜가 담겨 있는 책을 늘 가까이 해야 한다.

책 속에 길이 있기 때문이다.

그리고 지금 자손에게 필요한 것은 평안과 안락이 아니라 배움이다.

배움은 삶을 풍요롭게 하고 자유롭게 하기 때문이다.

한자 풀이

- 至(지) : 이르다. 지극하다. 至極精誠(지극정성)
- 莫(막) : 말다, 아니다. 莫論(막론)
- 要(요) : 요구하다, 필요하다. 要請(요청)

예화

맹자(孟子)는 어려서 아버지를 여의고 홀어머니 밑에서 자랐다. 처음에 공동 묘지 근처의 작은 마을에서 살았는데, 어린 맹자는 날마다 동무들과 묘지에서 행하는 일을 흉내내며 놀았다. 이것을 본 맹자의 어머니는 '이 곳은 자식을 기를 곳이 아니다' 라고 생각하고 시장 근처로 이사를 갔다.

이번에는 친구들과 어울려 '물건 가격이 싸네 비싸네' 흥정하는 흉내를 내며 놀았다.

맹자의 어머니는 '이 곳도 자식을 기를 곳이 못 된다' 고 생각하고 이번에는 학교가 있는 마을로 이사를 하였다. 그랬더니 맹자는 친구들과 어울려서 스승과 제자의 예의를 흉내내고 글을 외우며 노는 것이었다.

맹자의 어머니는 '자식을 기를만한 곳이다' 라고 흡족해하며 그 곳에 살았다. 이를 가리켜 '맹모삼천지교(孟母三遷之敎)' 라고 한다. 심

內無賢父兄하고 **外無嚴師友**요
내 무 현 부 형 　외 무 엄 사 우

而能有成者 鮮矣니라
이 능 유 성 자 　선 의

〈呂滎公〉

집안에 어진 어버이와 형이 없고,
밖으로 엄한 스승과 벗이 없으면서,
뜻을 이룰 수 있는 자가 드물다. 여형공

해 설

훌륭한 사람의 뒤에는 반드시 훌륭한 사람이 있다. 때로는 엄격하게 깨우쳐 주며, 때로는 사랑으로 감싸 주며 도와 주는 사람이 필요하다.

우리가 훌륭한 스승과 벗을 구하는 이유가 여기에 있다.

한자 풀이

- **內**(내): 안, 들이다. 內外(내외)
- **師**(사): 스승, 선생. 師父(사부)
- **滎**(형): 물 이름, 물결이 일다.
- **鮮**(선): 드물다, 신선하다.

예회

조선 시대 연산군 때 조언형(曺彦亨 1469-1526)은 학문이 높고 청렴하였다.

문장가로 이름을 떨쳤던 강혼(姜渾 1464-1519)과는 죽마고우(竹馬故友)였고, 둘은 벼슬길에 나가서도 변함없는 우정을 간직하고 있었다.

연산군의 폭정이 심해지자 조언형은 왕에게 여러 번 바른 말을 하여 눈밖에 났고, 자연 그늘진 자리에 있어야 했다. 그러나 강혼은 연산군의 비위를 잘 맞추어 도승지(都承旨: 현재의 대통령 비서 실장)가 되었다.

조언형은 친구의 소행을 매우 못마땅하게 여기던 중 함경도 단천 군수(端川郡守)로 나가 있게 되었다.

어느 날 친구 강혼이 관찰사(觀察使: 지금의 도지사)가 되어 내려왔고, 고을 순시를 나왔다.

관찰사의 행렬이 단천 고을 가까이 오자 아전들은 어쩔 줄을 몰라 하며 군수 조언형에게 마중나갈 것을 재촉하였다. 하지만 조언형은 꿈쩍도 하지 않았다.

날이 어두워지자 탁주 한 통을 하인에게 짊어지우고 관찰사가 머물고 있는 곳으로 찾아갔다.

조언형이 성큼 방 안으로 들어가서 술통을 방 한가운데 놓으며 말했다.

"너 한 잔 하겠느냐?"

"한 잔 하고 말고."

두 사람은 안주도 없이 큰 대접으로 술을 마시기 시작했다. 술이 서너 잔 돌고 난 뒤에 조언형이 말했다.

"네가 어릴 적에 총명하고 민첩하여 친구로 사귄 것을 자랑으로 여겼는데, 요즘 너의 하는 짓을 보면 짐승만도 못하구나. 어찌 하찮은 재주를 믿고 그런 행실을 한단 말이냐. 그렇게 사느니 죽는 게 낫다. 내가 글을 보내 절교할 생각이었으나 이제 서로 만나서 말로 하게 되었구나. 나는 떠나겠다."

그의 준엄한 충고에 강혼은 목이 메어 대답하지 못했다.

이튿날 조언형은 벼슬을 버리고 고향으로 떠나가 버렸다. 그의 아들이 바로 남명(南冥) 조식(曺植) 선생이다.

강혼도 그 후 폭군의 곁을 떠나 중종 반정(中宗反正)에 참여함으로써 그의 명예를 회복함은 물론 일신을 보전하였다.

인 물

여형공(呂滎公) : 중국 북송(北宋) 때의 학자. 이름은 희철(希哲)이고 자는 원명(原明)이다. 형국공(滎國公)에 봉해졌으므로 형공이라고 칭하였다.

嚴父는 **出孝子**하고 **嚴母**는 **出孝女**니라
엄부 출효자 엄모 출효녀

〈太公〉

엄한 아버지는 효자를 길러 내고,
엄한 어머니는 효녀를 길러 낸다. 태공

해 설

세상은 나약한 사람의 손을 결코 들어 주지 않는다. 나약하면 노력할 수 없으며, 자신의 잘못된 욕망을 이길 수 없으며, 뜻을 이룰 수 없다.

부모가 어려서부터 엄히 교육하는 것이 나약함을 극복하게 하는 원동력이 되는 것이다.

자녀의 못된 버릇을 사랑으로 감싸려고만 한다면 이는 약한 자녀를 만드는 것이다. 그러므로 엄함은 또 다른 사랑이다.

한자 풀이

- **嚴**(엄) : 엄하다, 혹독하다. 嚴正(엄정)
- **出**(출) : 나가다, 내보내다. 出生(출생)

예화

최치원(崔致遠 857-? 호 : 孤雲, 海雲)은 신라 말기 사람이다. 12세에 당나라에 유학하러 가게 되었는데, 떠날 때에 그의 부친이 훈계하여 말하였다.

"네가 당나라에 가서 10년을 공부하여 과거에 급제하지 못한다면 나의 자식이 아니니 아무쪼록 부지런히 하여 아비의 소원을 저버리지 말고 공을 이루어라."

최치원은 부친의 말씀을 가슴에 새기고 당나라에 들어가 널리 어진 스승을 찾는 한편 학업과 수양에 힘썼다. 18세 되던 당 희종 즉위 첫해(874년)에 과거에 급제하여 당나라 선주 표수현의 현위가 되었다.

그 후 당나라에 황소(黃巢)의 반란이 일어나자 고병(高駢)을 병마도통사(兵馬都統使: 총사령관)로 삼아 난을 토벌하게 하였는데, 최치원이 도통순관(都統巡官: 참모)으로 문서의 일을 총괄하였다.

이 때에 지은 토황소격문(討黃巢檄文: 황소를 쳐야 된다는 것을 세상에 알리는 공고문)이 중국에서도 명문으로 오랫동안 사람들의 입에 회자(膾炙: 날고기나 구운 고기처럼 사람들의 입에 자주 오르내림)되었는데 그 중에,

"천하의 사람들이 모두 너를 죽이려고 생각할 뿐만 아니라, 땅속의 귀신까지도 가만히 죽이려고 의논하였다."

라는 구절을 읽던 황소는 모골(毛骨)이 송연해져서 휘청이며 의자에서 넘어졌다고 전한다. 십

爲政之要는 曰公與淸이요
위정지요 왈공여청

成家之道는 曰儉與勤이니라
성가지도 왈검여근

〈景行錄〉

정사를 다스리는 요점은 공정함과 청렴함이요,
집안을 일으키는 방법은 검소함과 근면함이다. 경행록

해 설

나라를 다스리는 관리가 공정하지 않다면 시민들의 불평 불만이 많아 사회의 단결을 해칠 것이고, 나라의 살림을 하는 관리가 나라 재물을 축내어 사리사욕을 채운다면 이는 도둑에게 나라 살림을 맡긴 것과 다를 것이 있겠는가? 근검 절약(勤儉節約)은 개인의 경우에서도 사회의 경우에서도 발전하기 위해서는 반드시 필요한 덕목이다. 노력하지 않고서 무엇을 얻을 수 있겠으며, 낭비 사치하고서 어찌 경제가 발전할 수 있겠는가?

한자 풀이

- 要(요): 구하다. 要點(요점)
- 儉(검): 적다. 검소하다. 儉素(검소)
- 勤(근): 부지런하다. 勤勉(근면)

예화

조선 선조 때의 문신 이후백(李後白 1520-1578)은 호가 청련(淸漣)이며, 청백리(淸白吏)로 뽑혔던 인물이다. 그는 인사권을 총괄하는 이조 판서가 되어 공도(公道)를 세우기에 힘썼다.

청탁을 받지 않아서 비록 친구라도 자주 찾아와 인사하면, 매우 못마땅하게 여겼다.

하루는 어떤 친척이 찾아와 벼슬을 구하는 뜻을 보였다. 이후백이 얼굴색이 변하여 한 책자를 보여 주었는데 거기에는 사람들의 이름이 많이 기록되어 있었다. 장차 임용할 사람들의 명단이었는데 그 친척의 이름도 기록되어 있었다.

이후백이 말하였다.

"내가 그대의 이름을 기록하여 장차 추천하려 했는데, 지금 그대가 벼슬자리를 구하니 구해서 얻는다면 공도가 아니네. 그대가 만약 벼슬을 구하지만 않았더라면 벼슬을 얻을 수 있었을 것이다." 심

治官엔 莫若平이요 臨財엔 莫若廉이니라
치관 막약평 임재 막약렴

〈忠子〉

벼슬아치를 다스리는 데는 공평함만한 것이 없고,
재물에 임해서는 청렴함만한 것이 없다. 충자

해 설

청렴(淸廉)한 사람은 근면 · 검소 · 정직한 사람이다. 근면한 사람은 땀의 의미를 잘 알고 있으므로 재물을 함부로 사용할 수 없으며, 노력해야만이 성취할 수 있다는 것을 몸으로 알고 있기에 정직하지 않을 수 없다.

세상에서 일어나는 크고 작은 분란의 대부분은 게으름이 원인이 되어 일어난다.

게으른 사람은 노력하지 않고 무언가를 이루려하기 때문에 남을 속여야 하며, 마음에 떳떳함이 없으므로 사치하여 남의 눈을 통하여 만족하고자 한다.

한자 풀이

- 若(약): 같다, 만약. 明若觀火(명약관화)
- 臨(림): 임하다, 지키다. 臨戰無退(임전무퇴)
- 廉(렴): 청렴하다, 검소하다. 淸廉(청렴)

예화

이순신(李舜臣 1545-1598)은 무과에 급제했으나 권세가들에게 찾아가 벼슬자리를 구하지 않았다.

율곡 이이(李珥 1536-1584)가 이조 판서로 있으면서 이순신의 사람됨을 듣고, 또 같은 종씨(宗氏)로서의 감회를 펴고자 하여 사람을 보내 만나기를 청하였다.

이순신이 응하지 않고 말하길

"같은 종씨로서는 만날 수 있으나, 관리를 전형하는 이조 판서로서는 만날 수 없습니다."

라고 했다. 심

참고

앞에서 '이름은 신성한 것이라서 함부로 부르지 않는다.' 고 하였다. 자신의 이름도 그러한데 하물며 부모의 이름이야 더 말할 나위 있을까. 그렇다면 윗사람이 성명을 물었을 때 어떻게 대답할 것인가? 대화의 형식을 빌려 알아보기로 하자. 부친의 이름은 홍대성(洪大成)이고, 본인의 이름은 홍길동(洪吉童)일 때의 대화이다.

"자네의 성명이 어떻게 되는가?"

"성은 홍가이고 이름은 길동입니다."

"본관(本貫: 시조의 고향, 관향이라고도 함)은 어디인가?"

"남양입니다."

"부친 함자(銜字: 남의 이름을 높여 부르는 말)는 어떻게 되는가?"

"대(大)자 성(成)자이십니다."

인 물

충자(忠子) : 생몰 연대가 알려지지 않은 사람이다.

성심편 상·하

(省 心 篇 上·下)

이 상하 두 편은 '마음〔心〕을 살펴〔省〕야' 한다는 말씀을 모은 것이다. 몸은 세상 만물을 변화시키는 근본이고, 마음은 몸을 주관하는 열쇠라고 한다. 마음을 살피는 일은 바로 몸가짐을 올바르게 하기 위한 선행 조건(先行條件)이다.

疑人莫用하고 **用人勿疑**니라
의 인 막 용 용 인 물 의

〈景行錄〉

사람을 의심하거든 쓰지 말고, 사람을 쓰거든 의심하지 말라.

경행록

해 설

나를 믿는 마음은 자신을 돌아보아 한 점 부끄러움이 없다는 자신감에서 비롯된다. 그리고 남을 믿는 마음은 나를 믿는 마음에서 비롯된다.

사람들은 자기를 인정하고 알아 주는 사람을 위하여 온갖 정성을 다해 노력한다.

의심을 받으면서 열심히 일할 사람은 없다. 그러므로 애초에 의심스러우면 쓰지 않아야 하고, 한 번 썼다면 나를 믿는 마음으로 의심하지 않아야 한다.

한자 풀이

- 疑(의) : 의심하다, 어그러지다. 疑惑(의혹)
- 用(용) : 쓰다, 등용하다. 用度(용도)
- 勿(물) : 말다, 아니다. 勿驚(물경)

예화

우암 송시열(宋時烈 1607-1689)이 큰 병을 얻어 자리에 눕게 되었다. 송시열은 자신의 병을 고칠 수 있는 사람은 당시 의술이 높았던 미수 허목(許穆 1595-1682)뿐이라고 생각하였다. 그러나 두 사람은 서로 다른 당파에 속해 있어서 사이가 나빴다.

송시열은 자신의 병이 점점 깊어지자, 아들을 보내 허목에게 약을 청하였다.

부탁을 받은 허목은 정성을 다하여 약을 지었는데, 이 약을 달여 먹은 송시열은 곧 병이 나았다. 그러나 두어 달이 지나자 병이 재발했으니, 이는 송시열의 아들이 '허목이 해로운 약을 지어 주었을까?' 의심하여 약의 양을 줄였기 때문이었다.

부친이 똑같은 증세로 위독해지자, 다급해진 송시열의 아들은 다시 허목을 찾아갔다.

"네 이놈! 병이 재발한 것을 보니 필경 네가 약의 양을 줄였구나. 병을 뿌리까지 뽑을 수 있도록 해 놓았었는데……."

송시열의 아들은 부끄럽고 죄스러워 고개를 들 수가 없었다.

"그 병은 일단 재발하면 고치기 어려운 병이니 나도 장담할 수가 없다. 모르기는 해도 일 년은 넘게 고생을 해야 할 것이다."

허목은 다시 약을 지어 주었고 송시열은 병석에서 일어날 수 있었다. 어느 날, 아들에게서 그 동안 있었던 일을 자세히 전해 들은 송시열은 말했다.

"내가 그 댁에 너를 보낼 때에는 그분을 믿었기 때문인데 큰 실수를 했구나. 믿을 수 없는 사람에게는 일을 맡기지 않아야 하며, 만약 일을 맡겼다면 끝까지 그 사람을 믿고 의심하지 않아야 하느니라." (심)

飽煖엔 **思淫慾**하고 **飢寒**엔 **發道心**이니라
포난 사음욕 기한 발도심

〈景行錄〉

배부르고 따뜻하면 음욕이 생각나고,
굶주리고 추우면 도덕심이 생긴다. 경행록

해 설

동물은 배부르고 따뜻하면 그 이상 욕심을 부리지 않지만, 인간은 또 다른 즐거움을 추구하니, 그 욕심은 끝이 없다. 강성했던 로마 제국도 귀족들의 타락에 의하여 멸망의 길로 들어섰다.

음식은 약간 적게 먹는 것이 건강에 좋다. 신선들은 솔잎과 물만으로도 살 수 있다 하지 않는가? 약간의 배고픔과 추위는 정신을 맑게 한다. 곤궁한 생활을 하면서도 분수를 지킬 줄 아는 지혜를 가져야 할 것이다.

한자 풀이

- **飽**(포) : 배부르다, 싫증이 나다. 飽食(포식)
- **煖**(난) : 따뜻하다, 따뜻하게 하다. 煖房(난방)
- **淫**(음) : 음란하다, 방탕하다. 淫亂(음란)
- **飢**(기) : 굶주리다. 飢饉(기근)

예화

조선 때의 학자 성혼(成渾 1535-1598)이 신미년(1571) 구월에 천마산(天摩山)을 유람하던 중 서경덕 선생(1489-1546)이 사시던 화담(花潭)에 들러 서경덕 선생을 추모한 글이다.

"연못가로 나가 보니 물과 돌이 맑게 부딪치며 작은 산들이 주위를 감싸고, 가을 나뭇잎은 소슬하며 연못가의 바위에는 이끼가 짙었는데, 산 속엔 인적이 끊기고 들리는 것은 물소리뿐이었다. 선생을 뵙고자 하나 뵐 수 없으니, 선생의 학덕을 그리워하는 마음을 억누를 수 없었다.

선생은 당대에 우뚝 선 재질로서, 옛 성현의 글에서 도를 구하시어 이를 즐거워하시면서 스스로 지켰고 그 밖에 것은 구하지 않으셨다. 한서기갈(寒暑飢渴: 춥고 덥고 굶주리고 목마른 것. 곧 몹시 빈한한 생활)에 구애됨이 없이 학문에 열중하시어 때로는 며칠씩 끼니를 거르기도 하셨고, 한 벌의 헤진 옷으로 지내신 적이 많으셨다.

사람들은 그 근심을 감당하지 못하는데, 오히려 도덕과 의리를 편안히 여기셨으므로 덕이 넘쳐나 온 마음에 충만하셨다. 선생이 떠나신 지 한 세대(30년)도 안 되었건만, 옛집에는 사람이 끊기고 선생의 자취는 보이지 않으니, 고고한 그 모습을 물을 데가 없다. 그러나 지나가는 나그네가 이 쓸쓸한 산기슭에서 선생의 덕을 그리워함에 안빈낙도(安貧樂道)와 청렴의 기상을 세우기에 족하니, 선생의 맑은 풍모와 우뚝한 행적이 후세를 감동시키고 마음을 맑게 함이 깊도다. 아! 높고도 멀도다." 심

不經一事면 不長一智니라
불 경 일 사　　부 장 일 지

〈疏廣〉

한 가지 일을 경험하지 않으면 한 가지 지혜가 자라지 않는다.

소광

해 설

백문(百聞)이 불여일견(不如一見)이라(백 번 듣는 것이 한 번 보느니만 못하다)는 말이 있다.

경험이 중요하다는 말이다. 자신이 간절히 소망하는 것을 이루고자 할 때 우리는 자신과 이웃의 지혜와 경험을 모두 동원한다. 그렇게 하고도 힘들고 어려운 일이 많으니, 이를 극복하면서 지혜는 자라는 것이다.

경험이 있는 사람의 의견을 묻고 이를 존중하는 것은 인생에 있어 제일 중요한 과제이다. 노인을 공경하며 따라야 하는 이유가 여기에도 있는 것이다.

한자 풀이

- 經(경) : 겪다, 글. 經驗(경험)
- 長(장) : 자라다, 길다. 長成(장성)

예화

제(齊)나라 환공(桓公)의 재상 관중(管仲)은 어느 봄날 습붕(隰朋)과 함께 환공을 따라 고죽(孤竹)이란 소국을 정벌하기 위해서 행군한 적이 있었다.

봄에 공격을 시작해 겨울까지 계속된 오랜 싸움이었는데, 도중에서 길을 잃고 말았다.

이 때 관중이 말했다.

"이런 때에는 늙은 말이 필요합니다."

그리하여 말을 풀어 그 말이 가는 곳을 따라감으로써 위기에서 탈출할 수 있었다. 또 어느 때 산속 길을 진군하다가 마실 물이 떨어졌다.

그러자 습붕이 이렇게 말했다.

"개미는 겨울에 산의 남쪽에 집을 짓고 여름에는 북쪽 그늘에 집을 짓는 법인데, 개미집이 있으면 그 여덟자 밑에는 반드시 물이 있습니다."

그 말대로 개미집을 찾아 그 밑을 파서 결국 물을 얻을 수가 있었다.

인물

소광(疏廣) : 중국 한(漢)나라 사람으로, 자는 중옹(仲翁)이며, 태자 태부(太子太傅)를 지냈다.

有麝自然香이니 **何必當風立**고
유 사 자 연 향 하 필 당 풍 립

〈擊壤詩〉

사향을 지녔으면 저절로 향기로우니,
어찌 반드시 바람을 향하여 서겠는가? 격양시

해 설

마음이 너그럽고 평화로운 사람은 얼굴색도 온화하고 부드러우며, 마음이 모질고 각박한 사람은 저도 모르게 험악한 기운이 얼굴에 드러나기 마련이다.

오랜 기간 심신의 수양으로 인격이 완성된 사람은, 자연스레 한 떨기 꽃처럼 주위에 향기를 풍기니, 어찌 자신의 능력과 공부를 자랑할 필요가 있겠는가?

한자 풀이

- **麝**(사) : 사향노루, 사향. 麝香(사향)
- **當**(당) : 당하다, 대하다. 當面(당면)
- **擊**(격) : 치다, 거리끼다. 擊破(격파)
- **壤**(양) : 흙, 토지. 土壤(토양)

예화

어떤 선비가 중국 가는 사신의 수행원이 되었다. 그는 종자 한 명을 데리고 행렬을 따라 청나라 수도 연경(燕京: 현재의 북경, 춘추 시대 연나라의 수도)에 가기 위하여 두만강을 건넜다. 드넓은 만주 벌판을 지나가며 지평선 위로 해가 뜨고 해가 지는 장관을 보기도 하고, 가도 가도 끝없는 벌판의 풍경에 지루해하기도 하였다. 어느 날 초여름 햇볕을 받으며 고개를 넘고 있었는데, 고개 마루에 허름한 주막이 하나 보였다. 마침 목이 마르던 터라 술 한잔을 시원스레 들이켰는데, 술맛이 일품이었다. 선비가 술맛을 칭찬하면서 주인 노파에게 말했다.

"이렇게 외진 곳에서도 장사가 되는가?"

주인 노파가 대답하였다.

"꽃이 향기로우면 벌나비가 모여들고, 술맛이 좋으면 손님이 찾아든다."

이 말에 감탄한 선비는 곁에 가던 선비에게 말하였다.

"시란 별다른 것이 아니고, 삶의 이치를 깨달으면 절로 나오는 것이지요." 심

참고

격양시(擊壤詩) : 중국 송(宋)나라의 학자 · 시인인 소강절(邵康節)이 지은 격양집(擊壤集)에 실려 있는 시.

사향(麝香): 사향노루의 배꼽과 불두덩의 사이에 있는 흑갈색의 향주머니. 향기가 좋아 향료로 쓰이며 회생약으로도 씀.

有福莫享盡하라 福盡身貧窮이요
유 복 막 향 진 　 복 진 신 빈 궁

有勢莫使盡하라 勢盡寃相逢이니라
유 세 막 사 진 　 세 진 원 상 봉

福兮常自惜하고 勢兮常自恭하라
복 혜 상 자 석 　 세 혜 상 자 공

人生驕與侈는 有始多無終이니라
인 생 교 여 치 　 유 시 다 무 종 〈擊壤詩〉

복이 있다고 누리기를 다하지 말라, 복이 다하면 몸이 빈궁해질 것이요, 권세가 있다고 부리기를 다하지 말라, 권세가 다하면 원수와 서로 만나느니라.
복이 있거든 항상 스스로 아끼고, 권세가 있거든 항상 스스로 겸손하라.
인생에 있어서 교만과 사치는 처음은 있으나 종말이 없는 경우가 많다.

격양시

해 설

어떤 사물이든 양지가 있으면 음지가 있다. 장점과 단점은 항상 같이 다닌다는 사실을 명심해야 한다. 복이 있거든 항상 스스로 아끼고, 권세가 있거든 항상 스스로 겸손하여야 한다. 복과 권세로 선행을 하지 않고 사리 사욕을 일삼아 후세에 악명(惡名)을 남긴 사람들을 교훈삼아야 할 것이다.

한자 풀이

- **惜**(석): 아끼다, 가엾다. 惜別(석별)
- **驕**(교): 교만하다, 무례하다. 驕慢(교만)

예화

조선 고종 때 사람 홍태윤(洪泰潤)은 천한 신분이었으나, 훌륭한 인품을 지녔기 때문에 벼슬자리에 오를 수 있었다. 벼슬자리에 올라 있는 대부분의 사람들은 거드름을 피웠다.

"물렀거라! 대감님 행차시다."

종자(從者)가 이렇게 외치면 대감은 가마에 앉아 고개를 뒤로 젖힌 채 눈을 지그시 감고 갔다.

그러나 홍태윤은 그렇지 않았다.

가마를 타고 행차를 하다가도 그의 친족이나 친구를 만나면 반드시 가마에서 내려 깍듯이 인사를 하였다.

"여보게. 요즘 어떻게 지내는가? 우리 주막에 가서 잠시 목이나 좀 축이고 가세."

홍태윤은 백정(白丁) 친구라 할지라도 두 손을 반가이 잡으며 인사를 하였다. 그러므로 사람들은 그를 따르고 존경하였다. 천민 출신이라고 꺼려하던 양반들도 이러한 홍태윤의 태도에 감동하여 다투어 홍태윤과 사귀려고 하였다.

홍태윤은 귀하게 되어서도 미천할 때의 친구를 잊지 않고 교우하였기 때문에 인품이 뛰어난 사람으로 알려졌으며 오래도록 사람들의 칭찬을 받았다. 심

人義는 **盡從貧處斷**이요
인의 진종빈처단

世情은 **便向有錢家**니라
세정 변향유전가

〈王參政四留銘〉

사람의 의리는 다 가난한 데서 끊어지고,
세상의 인정은 곧 돈 있는 집으로 쏠린다. 왕참정사유명

해 설

사람의 생각과 언행은 모두 나로부터 출발한다. 그러므로 '어떻게 하면 나의 의식주를 해결하며, 또한 나를 부귀하게 할까? 건강하게 할까?' 이런 생각을 갖게 된다.

이를 '행복 추구권'이라고 한다. 그러나 건강은 몰라도 부귀는 경쟁하여야 하므로 사람들은 부귀를 쫓다가 허망해하는 경우가 많다. 이 이기적 자아(利己的自我)를 벗어나야만이 삶의 소중함과 천지 자연의 광대 무변(廣大無邊)함을 느낄 수 있다.

한자 풀이

- **從**(종) : 따르다, ~부터. 從來(종래)
- **處**(처) : 곳, 살다. 處所(처소)
- **便**(변, 편) : 곧, 편하다.
- **錢**(전) : 돈, 화폐. 金錢(금전)

예화

주매신(朱買臣 ? -115B.C.)은 중국 전한(前漢) 시대 회계(會稽: 양쯔 강 하류 옛 오나라 땅) 사람이다. 그는 집안이 매우 가난했으나 독서를 좋아했다. 집안 살림을 돌보지 않고 땔나무를 하여 시장에 내다 팔아 생계를 유지할 뿐이었는데, 나무를 지고 시장에 가면서도 책을 읽었다. 그의 아내도 주매신을 따라 나무를 지고 시장에 가곤 하였는데 이를 부끄러이 여겨 헤어질 것을 청하였다. 주매신이 말하기를

"내 나이 오십이 되면 마땅히 부귀해질 것이오. 지금 이미 사십 세가 넘었소. 당신이 오랫동안 고생하였는데 내가 부귀해지면 당신의 공을 갚으리다."

그의 아내가 성내어 말하기를

"당신같은 사람은 결국에는 굶어 죽어 개천에 버려질 터인데 어떻게 부귀해질 수 있겠소."

주매신이 이 말을 듣고는 헤어지자는 청을 들어 주었다.

몇 년 뒤에 주매신은 재정관(財政官: 재물을 담당하는 관리)의 부하가 되어 짐수레를 호위하며 장안(長安)에 이르러, 대궐에 나아가 천자에게 글을 올리었다. 그러나 오랫동안 회답을 받지 못하고 공거(公車: 관용 주차장)에서 기다렸는데, 천자의 신임을 받던 고향 사람 엄조(嚴助)를 만나 그의 추천으로 무제(武帝)를 알현하였다.

주매신이 춘추(春秋)와 초사(楚辭)에 대하여 설명하자 무제가 매우 기뻐하며 중대부(中大夫: 고급 관리, 정부 관청의 국장에 해당됨)에 임명하였고 그 뒤 엄조와 함께 시중(侍中: 황제의 비서관)이 되었다.

세월이 흘러 그는 고향인 회계(會稽)의 태수에 임명되었는데 이 때 천자가 말하기를

"부귀하게 되고서 고향에 돌아가지 않는다면 비단옷을 입고 밤길을 가는 것과 같다 했는데 지금 그대의 심정은 어떠한가?"

주매신은 머리를 조아려 감사했다. 그는 회계에 부임하던 길에서 그의 옛 아내와 그녀의 남편이 길을 닦는 것을 보았다. 주매신이 불러 수레에 태워 태수의 관사로 데려와 후원에 거처하게 하면서 대접하였다. 그러자 주매신의 옛 아내는 과거를 뉘우치며 스스로 목을 매어 죽었다.

주매신은 그녀의 남편에게 돈을 주어 장사지내게 하였다. 그리고 옛 친지들을 모두 불러 보고 음식을 대접하였고, 은혜가 있었던 사람들에게 빠짐없이 보답하였다.

인 물

왕참정(王參政) : 중국 북송(北宋) 때의 명재상으로, 이름은 단(旦)이다.

참고

장안(長安): 섬서성 서안(西安)의 옛 이름. 한(漢) · 수(隋) · 당(唐)의 도읍지.

춘추(春秋): 공자가 편찬한 노(魯)나라 역사책.

초사(楚辭): 한(漢)의 유향(劉向)이 편집한 초사체(楚辭體)의 문장. 초(楚)나라 굴원(屈原)의 사부(辭賦)와 그의 문하생 및 후인의 작품이 수록 되었다.

士志於道而恥惡衣惡食者는 **未足與議也**니라
사 지 어 도 이 치 악 의 악 식 자 미 족 여 의 야

〈孔子〉

선비가 도에 뜻을 두면서, 나쁜 옷 나쁜 음식을 부끄러워하는 자와는 더불어 의논할 수 없다. 공자

해 설

여기서 '선비가 도에 뜻을 둔다'는 말은 '지도자가 되어 대중을 이롭게 한다'는 말이다.

도에 뜻을 둔 선비가 악의악식(惡衣惡食)을 싫어하고 호의호식(好衣好食)을 즐긴다면 이는 지도자의 격을 못 갖춘 것이다.

지도자가 악의악식하고 검소하며 낮은 자세로 일할 때에, 세상은 서로 돕고 섬기는 봉사 정신으로 가득차게 될 것이다.

한자 풀이

- **恥**(치) : 부끄러워하다, 부끄럼. 恥部(치부)
- **議**(의) : 의논하다, 생각하다. 議題(의제)

예화

조선 명종 때 영의정을 지낸 상진(尙震 1493-1564)이란 분이 있었다.

영의정으로서 황희(黃喜)와 허조(許稠)의 다음으로 칠 만큼 대단한 업적을 남겼으며, 청렴하고 너그러운 마음씨는 두고 두고 칭송되었다.

그의 평소 생활은 검소하기 그지없었다. 혹시 자제들이 좋은 옷을 입고 싶어하는 기색이 보이면 이렇게 훈계하였다.

"사내 대장부는 모름지기 뜻을 높은 데 두어야 한다. 작고 하찮은 일에 마음을 두어서는 안 된다. 몸치레 같은 것은 작고 하찮은 것이니 그런 데에 마음을 두지 말아라. 좋은 옷을 입었다고 자랑하는 행동은 어리석은 사람의 짓이니 대단히 부끄러운 일인 줄을 알아야 한다."

그러므로 비록 지체 높은 영의정의 자제들이었으나, 항상 검소한 옷차림으로 생활했고 불평이나 원망이 없었다. 심

天不生無祿之人하고 地不長無名之草니라
천 불 생 무 록 지 인　　지 불 장 무 명 지 초

〈荀子〉

하늘은 먹을 것 없는 사람을 내지 않고,
땅은 이름 없는 풀을 기르지 않는다. 순자

해　설

아무리 하찮은 사물이라도 그 용도에 따른 쓰임이 있거늘, 하물며 사람이 아무런 이유 없이 이 세상에 존재하겠는가? 쓸모 없는 사람은 단 한 사람도 없다. 자신의 소질을 찾아 최선을 다해 10년을 노력하면 그 고을에 이름이 날 것이요, 20년을 노력하면 그 지방에 이름이 날 것이요, 30년을 노력하면 그 나라에 이름이 날 것이다.

사람이 제 소질(분수)을 모르고 부귀를 좇아 부질없이 동분서주 우왕좌왕하다가 아까운 세월을 보내고 있는 것이다.

한자 풀이

- 祿(록) : 녹, 행복. 祿俸(녹봉)
- 荀(순) : 풀 이름, 제후 이름.

예화

기묘명현(己卯名賢) 중의 한 사람인 모재 김안국(金安國 1478-1543)은 벼슬을 잃고 고향 여흥(驪興)에 돌아갔는데, 성품이 정밀해서 천한 일도 꺼리지 않았다. 이를테면 벼와 보리를 거둬드릴 때에는 이삭 하나 쌀 한 톨 마당에 떨어뜨리지 못하게 하였고, 방아를 찧을 때도 싸라기나 겨를 잘 챙겨 두었다가 그것으로 춘궁기에 백성을 구제하였다.

그는 항상

"하늘이 낸 사물에는 모두 쓸 곳이 있으니, 함부로 허비하는 것은 상서롭지 못하다."

라고 말하였다. 또한 그는 토지를 장만하고, 학교를 열어 사방에서 배우러 오는 이들을 가르쳤다. 심

참고

기묘명현(己卯名賢): 조선 중종 14년(1519년) 남곤, 심정, 홍경주 등의 보수 세력이 정암 조광조(趙光祖)를 중심으로 한 신진 개혁 세력을 모반의 누명을 씌워 죽이고 귀양보냈다. 이 일로 죽거나 귀양간 선비들을 일컫는다.

欲知其君인대 先視其臣하고
욕 지 기 군 선 시 기 신
欲識其人인대 先視其友하고
욕 식 기 인 선 시 기 우
欲知其父인대 先視其子하라
욕 지 기 부 선 시 기 자
君聖臣忠하고 父慈子孝니라
군 성 신 충 부 자 자 효 〈王良〉

그 임금을 알려고 한다면 먼저 그 신하를 보고,
그 사람을 알려고 한다면 먼저 그 벗을 보고,
그 부모를 알려고 한다면 먼저 그 자식을 보라.
임금이 거룩하면 신하가 충성스럽고,
아비가 인자하면 자식이 효성스러우니라. 왕량

해 설

식물이 그 토양 위에서 자라듯 사람은 부모의 가르침과 벗과의 교우 속에서 성장한다. 또한 그 지방 그 나라의 미풍 양속(美風良俗: 아름다운 풍속)의 정도에 따라 영향을 받는다. 우리 가정과 학교, 사회와 국가에 어느 정도의 미풍 양속이 있는가 되짚어 생각해 보아야겠다.

한자 풀이

- **欲**(욕): 바라다, 하려고 하다. 欲求(욕구)
- **視**(시): 보다, 살피다. 視線(시선)
- **識**(식): 알다, 판별하다. 識見(식견)
- **慈**(자): 사랑하다, 인자하다. 慈愛(자애)

예화

신라 제2대 임금 남해왕(南解王)은 석탈해(昔脫解)가 현명하다는 말을 듣고 사위로 삼았다. 그리고 대보(大輔) 벼슬을 주어 정사를 맡겼다.

남해왕은 죽으면서 석탈해로 왕위를 잇도록 하라고 유언하였다. 남해왕의 아들인 태자는 자신이 응당 왕위에 올라야 한다는 것을 알고는 있었지만, 매부인 석탈해가 자신보다 더 훌륭하다고 생각하여, 부친의 유언대로 왕의 자리를 양보하려고 하였다. 이 소식을 전해 들은 석탈해가 달려와 말했다.

"왕위란 거룩하고 지극히 존엄한 자리인데 어찌 저 같은 사람이 감히 오를 수 있겠습니까? 태자께서 마땅히 그 자리에 오르셔야 합니다."

"아닙니다. 누구라도 훌륭한 사람이면 왕이 될 수 있습니다."

두 사람이 서로 왕위를 양보하여 좀처럼 결말이 나지 않았다.

이 때, 석탈해는 한 가지 꾀를 내어 태자에게 말했다.

"제가 듣건대 옛날부터 이가 많은 사람은 덕망이 있다 하였습니다. 그러니 누구의 이가 더 많은지 세어 봅시다."

그는 평소에 태자가 보통 사람보다 이가 더 많다는 것을 알고 있었기 때문에 그렇게 제의를 한 것이었다.

두 사람이 각각 떡을 베어 물어 보니 석탈해가 예측한 대로 태자의 이가 더 많았다.

그리하여 태자는 약속대로 왕위에 올라 제3대 유리왕(儒理王)이 되었다.

그리고 유리왕은 죽을 때 자기에게 두 왕자가 있었음에도 불구하고, 석탈해로 하여금 왕위를 잇게 하였다.

이리하여 석탈해는 왕위에 올라 신라 제4대 왕이 되니 곧 석씨(昔氏)의 시조이다. 그는 왕위에 있은 23년 동안에 많은 선정(善政)을 베풀었다.

임금이라는 말은 유리왕과 석탈해가 떡을 베어 물어 누구의 잇금이 더 많은가 겨루었을 때, 그 '잇금'이라는 말이 변해서 이사금이 되고 임금이 되었다고 한다.

인 물

왕량(王良) : 중국 춘추 시대 진(晉)나라 사람.

大丈夫는 **見善明故**로 **重名節於泰山**하고
대 장 부　견 선 명 고　중 명 절 어 태 산

用心精故로 **輕死生於鴻毛**니라
용 심 정 고　경 사 생 어 홍 모

〈景行錄〉

대장부는 선을 보는 것이 밝음으로 명분과 절의를 태산보다 중하게 여기고,
마음 씀이 정밀함으로 죽고 사는 것을 기러기 털보다 가볍게 여긴다. 경행록

해 설

대장부는 선(善)에 대한 확고한 신념을 갖고 있다. 때문에 그 어떤 유혹 앞에서도 선을 지켜낼 수 있는 것이다. 또한 사람으로서 마땅히 지켜야 할 도리를 갖고 있으므로 죽음을 무릅쓰고서도 그 명분과 의리를 실천할 수 있는 것이다.

한자 풀이

- **節**(절) : 절개, 마디. 節義(절의)
- **泰**(태) : 크다, 편안하다. 泰山北斗(태산북두)
- **精**(정) : 정밀하다, 가리다. 精通(정통)
- **鴻**(홍) : 큰 기러기, 크다. 鴻雁(홍안)

예화

하서 김인후(金麟厚 1510-1560)와 미암 유희춘(柳希春 1513-1577)은 동문 수학(同門修學: 한 스승 밑에서 학문을 닦고 배움)하던 벗이다.

김인후가 성균관에서 학생으로 있을 때에 전염병에 걸렸는데, 사람들이 겁내어 돌보지 못하니 거의 죽을 지경에 이르렀다. 유희춘이 당시에 학유(學諭: 성균관 교수를 돕는 조교, 종9품)가 되었는데, 그 이야기를 듣고 급히 병자를 수레에 태워 자기 숙소로 데려왔다.

몸소 약을 다려 밤낮으로 간호하여 김인후가 그 덕으로 병석에서 일어났다.

을사사화가 일어나자 유희춘이 제주에 귀양갔는데 화를 예측할 수 없었다. 그에게 아들이 하나 있었으나 혼인하려는 집안이 없었다.

김인후가 딸을 유희춘의 아들에게 시집 보내니, 사람들이 모두 두 사람을 어질다고 하였다.

憫人之凶하고 **樂人之善**하며
민 인 지 흉　　낙 인 지 선
濟人之急하고 **救人之危**니라
제 인 지 급　　구 인 지 위

〈景行錄〉

남의 흉한 것을 민망히 여기고, 남의 착한 것을 즐겁게 여기며, 남의 급한 것을 구제하고, 남의 위태함을 구원하여야 된다.

경행록

해 설

'선을 아름답게 여기고 불행을 가엾이 여기는 것'이는 우리가 갖추어야 할 마음 자세이다. 혹 남의 착함을 시기하고 남의 곤궁함을 통쾌하게 여기지는 않았는지 반성해 볼 일이다.

우리는 선(善)으로 경쟁하여야지 악(惡)으로 경쟁해서는 안 된다.

선(善)으로 경쟁하면 천국을 보게 되고, 악(惡)으로 경쟁하면 지옥을 보게 된다.

한자 풀이

- **憫**(민): 번민하다, 민망하다.
- **凶**(흉): 흉하다, 허물. 凶年(흉년)
- **濟**(제): 구제하다, 건너다. 濟民(제민)
- **救**(구): 구원하다, 건지다. 救援(구원)

예화

하루는 선조(宣祖)가 신하들에게 물었다.

"나는 옛날 어떤 임금에게 비유할 수 있겠는가?"

성재 정이주(鄭以周 1530-1583)가 대답하였다.

"요순과 같은 임금입니다."

학봉 김성일(金誠一 1538-1593)이 대답하였다.

"요순이 될 수도 있고 걸주(桀紂)가 될 수도 있습니다."

선조가 말하였다.

"요순 걸주가 어찌 같은 반열에 끼인단 말인가?"

김학봉이 대답하였다.

"성상의 자질은 높고 총명하여 요순이 되시기에 부족함이 없으나, 간하는 말을 거절하고 스스로 거룩한 척하는 것은 걸주가 망한 까닭입니다."

선조가 얼굴색이 변하여 용상으로 가서 기대어 앉으니, 좌우에 있던 신하들이 두려워 떨며 어찌할 줄 몰라 했다. 서애 유성룡(柳成龍 1542-1607)이 나아가 말하기를,

"두 사람의 말이 모두 옳습니다. 요순에 비유한 것은 임금을 이끌어 주는 말이요. 걸주에 비유한 것은 경계하는 말입니다."

선조가 그 말을 듣고 화를 풀고 술을 내려서 마시게 하고 자리를 파하였다. 심

인물

걸주(桀紂) : 걸과 주는 각각 하(夏)나라와 은(殷)나라의 마지막 임금으로 나라를 망하게 한 폭군이다.

國正天心順이오 **官淸民自安**이라
국 정 천 심 순 관 청 민 자 안

妻賢夫禍少요 **子孝父心寬**이니라
처 현 부 화 소 자 효 부 심 관

〈壯元詩〉

나라가 바르면 하늘도 순하고, 벼슬아치가 청렴하면 백성이 저절로 편안하다.
아내가 어질면 남편의 재앙이 적고, 자식이 효도하면 부모의 마음이 너그러워진다. **장원시**

해 설

윗사람이 어질면 아랫사람이 의로워지고, 이웃에게 잘하면 그 이웃도 나에게 잘하게 된다. 또한 아랫사람이 잘하면 윗사람이 너그러워진다. 즉 선(善)은 상승 작용(相乘作用)을 일으켜 주위에 파급되는 것이다.

한 사람이 빗자루를 들고 나서면 또 다른 사람도 빗자루를 들고 나서 화목한 가운데 주변이 깨끗해질 것이다.

한자 풀이

- **淸**(청) : 맑다, 고요하다. 淸涼(청량)
- **寬**(관) : 너그럽다, 넓다. 寬大(관대)

예화

제(齊)나라 환공(桓公)이 자주색 옷을 좋아하자, 온 나라 사람들이 다 자주색 옷을 입기 시작해 자주색 비단이 흰 비단보다 다섯 배나 높은 값으로 팔리게 되었다. 환공이 이를 걱정하여 관중(管仲)에게,

"내가 자주색 옷을 좋아한 탓으로 자주색 비단 값이 오르며, 온 나라 사람들이 자주색 옷만 입으려 한다니 어떻게 하면 좋겠소?"

관중이 대답했다.

"임금께서 자주색 옷 입는 것을 중지하시고, 옆에 있는 사람들에게 '나는 그 자주 물감 냄새가 싫어졌어.' 하십시오. 그리고 가까운 사람들이 혹 자주색 옷을 입고 앞에 나타나거든, 반드시 '조금만 물러나 있게. 나는 자주 물감 냄새가 싫다.' 하십시오."

"알았소."

그러자 그 날 중으로 신하들 가운데 자주색 옷을 입은 사람이 없어지기 시작했고, 다음 날은 도성 안에 자주색 옷을 입은 사람이 없어졌으며, 사흘째는 전국에 자주색 옷을 입는 사람이 없어지게 되었다. 심

참고

장원시(壯元詩): 과거 시험에서 으뜸으로 뽑힌 시. 어느 시대 누구의 시인지는 분명하지 않다.

渴時一滴은 如甘露요 醉後添盃는 不如無니라
갈 시 일 적 여 감 로 취 후 첨 배 불 여 무

〈邵康節〉

목마를 때 한 방울의 물은 단 이슬과 같고,
취한 후에 잔을 더하는 것은 없는 것만 못하다. 소강절

해 설

이 세상에서 가장 맛있는 음료수는 목마를 때 마시는 물이다. 우리가 가진 지식 중에 잘 잊혀지지 않는 것은 의문이 들 때 찾아본 지식이다. 그러므로 우리는 의문나는 사항은 늘 찾아보고 아는 이에게 물어야 할 것이다. 필요할 때 얻을 수 있는 것, 이것은 실력이고 행운이다. 그러나 아무리 좋은 것도 지나치면 안 좋은 것이 된다. 인삼 녹용이 아무리 몸에 좋다 해도 많이 먹으면 탈이 날 것이요. 운동이 아무리 건강에 좋다 해도 지나치면 몸살이 나는 것이다.

한자 풀이

- 露(로) : 이슬, 젖다. 白露(백로)
- 醉(취) : 취하다, 취기. 醉中(취중)
- 添(첨) : 더하다, 보태다. 添加(첨가)
- 盃(배) : 잔, 그릇. 一盃(일배)

예화

원효(元曉 617-686)와 의상(義湘 625-702)은 불법을 구하기 위하여 당나라로 가기로 하였다. 서해안의 당주(唐州: 경기도 화성군 남양만 부근)에 도달하여, 상선을 기다리다가 해가 저물었다. 그들은 피곤한 몸으로 하룻밤 지낼 곳을 찾아 어둠 속을 방황하다가 초막(草幕: 풀로 지은 집)을 찾아 들어가 잠들게 되었다.

심한 갈증을 느껴 잠을 깬 원효는 주위를 더듬거리다가 무슨 그릇에 물이 있음을 알고 그 물을 마셨다. 그리고 다시 잠들었는데, 잠에서 깨었을 때는 해가 이미 중천에 떠올라 있었다.

주위를 살펴보니 그가 잠들었던 곳은 초막이 아니라 무덤이었고 맛있게 마셨던 물은 해골에 고인 썩은 물이었다.

그것을 알자마자 오장이 뒤집혀 뱃속에 든 것을 죄다 토해 내고 말았다.

이 때 그는 '세상의 온갖 것을 오직 마음이 만들어 낸다[一切唯心造]' 라고 하신 부처님의 말씀을 깨달았다고 한다. 구태여 당에 갈 필요가 없게 된 원효는 신라로 돌아왔고, 의상은 당에 가서 화엄경을 공부하고 왔다. 심

酒色財氣四堵墻에 多少賢愚在內廂이라
주 색 재 기 사 도 장　다 소 현 우 재 내 상

若有世人跳得出이면 便是神仙不死方이니라
약 유 세 인 도 득 출　변 시 신 선 불 사 방

〈性理書〉

술, 이성, 재물, 혈기의 네 담 안에
수많은 어진 이와 어리석은 이가 그 방 안에 있네
만약 세상 사람 중에 이 곳을 뛰쳐 나올 수 있다면
이것이 곧 신선과 같이 죽지 아니하는 방법이리라. 성리서

해 설

술은 사람의 심신을 따스하게 하나, 지나치게 마시면 사람의 격을 떨어뜨린다. 이성을 좋아하는 것은 자연스러운 감정이나, 이 역시 도를 지나치면 사랑의 숭고한 감정으로 보이지 않는다. 재물은 의식주를 해결하기 위하여 필요한 것이나, 너무 이에 매달리면 삶의 참 의미를 모르게 된다. 혈기, 이것은 남을 이기고자 하는 마음인데, 이 마음이 지나치면 소인의 마음이 된다. 주색재기(酒色財氣) 이를 잘 조절하는 것이 우리의 과제이다.

한자 풀이

- **堵**(도) : 담, 거처.
- **墻**(장) : 담, 경계.
- **廂**(상) : 행랑, 곁간.
- **跳**(도) : 뛰다, 달아나다. 跳躍(도약)

예화

김유신(金庾信 595-673)이 어릴 적에 친구들과 어울려 술과 여자를 가까이 한 적이 있었다.

김유신이 마음에 두고 사귄 여자는 천관(天官)이라는 기녀였다.

그는 하루라도 천관을 만나지 않으면 마음이 허전하여 참을 수가 없었다.

이를 알아챈 김유신의 어머니 만명 부인은 곧 아들을 불러 크게 꾸짖었다.

"장차 나라를 위해 큰 일을 하겠다고 마음먹은 네가 일개 여인에게 혹하여 가문을 더럽히다니 이게 어찌된 일이냐?"

어머니의 호된 꾸중을 들은 김유신은 다시는 그와 같은 생활을 하지 않으리라고 마음먹었다.

그러던 어느 날, 김유신은 하루 종일 말을 타고 무예를 익히느라 돌아올 때 깜박 졸고 말았다.

그러자 그의 말은 주인을 태우고 그전의 습관대로 천관의 집을 향해 걸어갔다.

천관의 집 앞에 말이 멈추어 서자 김유신은 눈을 떴다.

천관은 오랜만에 자신을 찾아온 김유신을 보고 반가워 어쩔 줄을 몰랐다.

그러나 김유신은 칼을 뽑았다.

"나는 나라를 위해 몸을 바치기로 결심하였다. 모든 사사로운 정은 잊어야 해."

김유신은 자신이 지금까지 타고 다녔던 사랑하는 말의 목을 칼로 내리쳤다.

김유신은 피 묻은 칼을 칼집에 집어 넣고 걸어서 집으로 향하였다. ㉥

치정편 · 치가편

(治政篇) · (治家篇)

이 편은 '정사〔政〕를 다스리〔治〕고' '집〔家〕을 다스리〔治〕는' 자세에 대한 선인(先人)들의 말씀이다. 공자는 '정치는 바로잡는 것이다〔政者는 正也라〕'라고 하였다. 자신이 바르지 않다면 누구를 바로잡을 수 있겠는가? 윗사람이 모범을 보여야 크게는 나라가 잘 될 것이요. 작게는 가정이 잘 될 것이다.

上有麾之하고 **中有乘之**하고 **下有附之**하여
상 유 휘 지　　중 유 승 지　　하 유 부 지
幣帛衣之요 **倉廩食之**하니
폐 백 의 지　창 름 식 지
爾俸爾祿이 **民膏民脂**니라
이 봉 이 록　민 고 민 지
下民은 **易虐**이어니와 **上天**은 **難欺**니라
하 민　이 학　　상 천　난 기
〈唐太宗御製〉

위에는 지시하는 임금이 있고, 중간에는 이를 전달하는 관원이 있고, 아래에는 이를 따르는 백성이 있다.
임금과 관리는 비단으로 옷 지어 입고, 창고에 쌓인 곡식을 먹으니, 너의 봉급과 너의 녹은 모두 백성들의 피와 땀이니라.
아래에 있는 백성은 학대하기가 쉽지만 위에 있는 하늘은 속이기 어렵다. 당태종어제

해　설

백성을 사랑하고 소중히 여긴 나라가 흥하고, 백성을 학대하고 핍박한 나라가 망하는 이치는, 동서고금에 공통된 진리이다.

백성은 물과 같아 평소에는 권력자가 마음대로 배를 타고 노닐 수 있지만, 물이 한 번 크게 요동하면 아무리 큰 배라도 온전치 못하다. 그러므로 백성을 함부로 대해서는 안 된다.

한자 풀이

- 麾(휘) : 지휘하다, 대장기. 麾下(휘하)
- 乘(승) : 오르다, 타다. 乘車(승차)
- 幣(폐) : 폐백, 재물. 幣物(폐물)
- 脂(지) : 기름, 비계. 脂肪(지방)

예화

공자가 제나라에 갔을 때, 태산 옆을 지나게 되었다. 그런데 어떤 여인이 들에서 몹시 슬피 울고 있었다. 공자가 가던 길을 멈추고 수레 위에서 귀를 기울이고 듣더니,

"이 소리는 슬프면서도 한편으로는 걱정이 있는 것 같다."

하고 자공을 시켜 가서 물어 보도록 했다. 자공이 가서 묻자 그 여인이 대답하기를,

"몇 년 전에 시아버님이 범에게 물려가 돌아가셨고, 작년에는 남편이, 이번에는 자식까지 범에게 죽었습니다. 그래서 이렇게 웁니다."

자공이 이에,

"그럼 왜 이 곳을 떠나지 않습니까?"

하고 물었다. 여인이 대답하기를,

"이 곳에는 가혹한 정치가 없기 때문입니다."

자공이 들은 대로 공자에게 보고하자, 공자가 제자들에게 이렇게 말하였다.

"기억해 두어라. 가혹한 정치는 사나운 범보다도 더 무서운 것이다." 십

참고

당태종어제(唐太宗御製): 당(唐)나라의 제2대 임금 이세민(李世民)이 손수 지은 글.

當官之法이 唯有三事하니 曰淸曰愼曰勤이라
당관지법 유유삼사 왈청왈신왈근

知此三者면 則知所以持身矣니라
지차삼자 즉지소이지신의

〈童蒙訓〉

관직을 맡아 지켜야 할 법이 오직 세 가지가 있으니,
청렴과 신중과 근면이다.
이 세 가지를 알면 관리로서의 몸가짐 바를 아는 것이다. 동몽훈

해 설

세상에서 가장 미련하고 염치 없는 것은 내 것과 남의 것을 구별하지 못하는 것이다. 공사(公私)의 구분이 분명하지 않으며, 남의 고유 영역을 침범하는 것이 그러하며, 남의 물건을 탐내는 일이 그러하다. 내 것과 남의 것을 구별하여 지킬 수 있어야 훌륭한 사회인이 될 수 있다.

한자 풀이

- 唯(유) : 오직, 뿐. 唯一(유일)
- 愼(신) : 삼가다, 이루다. 愼重(신중)
- 持(지) : 가지다, 잡다. 堅持(견지)

예화

고려 충렬왕 때의 문신 최석(崔碩)이 승평 부사(昇平: 전남 순천, 府使:시장)로 있었는데, 임기가 끝나 비서랑(秘書郎)이 되어 조정으로 들어왔다.

그 고을의 관례에 원님이 교체되어 돌아가게 되면 반드시 여덟 필의 말을 바치었다.

고을 사람들이 말을 바치면서 좋은 말로 고를 것을 청하니, 최석이 웃으면서 말했다.

"말은 서울에 도착할 수 있으면 충분한데, 무슨 선택을 하란 말인가?"

집에 도착하여 타고 간 말을 돌려 보내니, 고을 사람들이 받지 않았다.

최석이 말했다.

"내가 타던 너희 고을의 암말이 망아지를 낳았는데, 지금 데리고 돌아왔으니 이것은 나의 욕심이다."

라고 하며 그 망아지까지 함께 돌려 보내니, 그 뒤로 말을 바치는 폐단이 마침내 없어졌다.

이에 고을 사람들이 그 덕을 기리어 석비(石碑)를 세우고 '팔마비(八馬碑)' 라고 이름하였다. 심

서책

동몽훈(童蒙訓): 중국 송(宋)나라 때 여본중(呂本中)이 지은 어린이용 교양 서적.

事君을 如事親하며 事官長을 如事兄하며
사군 여사친 사관장 여사형

與同僚를 如家人하며 愛百姓을 如妻子하며
여동료 여가인 애백성 여처자

處官事를 如家事然後에 能盡吾之心이니
처관사 여가사연후 능진오지심

如有毫末不至면 皆吾心에 有所未盡也니라
여유호말부지 개오심 유소미진야

〈童蒙訓〉

임금을 섬기기를 어버이 섬기는 것과 같이 하며, 윗사람 섬기기를 형 섬기는 것과 같이 하며, 동료를 대하기를 집안 식구같이 하며, 백성 사랑하기를 처자같이 하며, 나라일 처리하기를 내 집안 일처럼 하고 난 뒤에야 내 마음을 다했다 할 것이니,
만약 털끝만큼이라도 다하지 못한 점이 있다면 모두 내 마음에 최선을 다하지 못한 바가 있기 때문이다. 동몽훈

해 설

위의 글은 나라의 관리나 직장의 동료 그리고 백성을 가족처럼 대하라는 말이다. 사람들은 흔히 나와 남을 구분하여 적대시하는 경향이 있는데, 이를 타파하고 '우리'라는 개념 속에서 사랑을 확대해 가면 사회가 화목해져 나라가 발전할 것이다.

한자 풀이

- 僚(료): 벼슬아치. 동료. 同僚(동료)
- 毫(호): 가는 털, 붓. 毫末(호말)

예화

조선 세종 때의 재상 맹사성(孟思誠 1360-1438)은 말년에 벼슬에서 물러나 고향인 온양에 은둔해 있었다. 그의 높은 덕을 본받고자 새로 부임하는 관리마다 그를 찾아왔다.

어느 날 그가 밭을 매고 있는데 신임 사또가 인사를 왔다. 하지만 그는 행차를 알면서도 밭매기에만 열중했다. 이를 지켜보던 신임 사또와 대소 관리들도 달려들어 밭을 맸다. 어느덧 해가 기울자 맹사성이 일어나 일행을 불러 농주를 권하며 노고를 위로했다.

"오늘 하루 뜨거운 뙤약볕 아래 비지땀을 흘리며 들일을 하셨으니 백성들의 노고를 조금은 짐작하셨을 테고, 일한 후에 마시는 농주 맛도 이제 아셨겠지요. 앞으로 이 고장의 목민관으로서 부디 백성들의 어려움과 노고를 헤아려 선정을 베푸십시오."

젊은 사또가 큰 감동을 받았음은 물론이다. 심

劉安禮 問臨民한대 **明道先生曰**
유안례 문임민 명도선생왈

使民으로 **各得輸其情**이니라
사민 각득수기정

問御吏한대 **曰 正己以格物**이니라
문어리 왈 정기이격물

〈劉安禮〉

유안례가 백성을 대하는 도리를 묻자 명도 선생이 말하기를,
"백성으로 하여금 각각 자기 뜻을 펴게 할 것이니라."
아전을 거느리는 도리를 묻자,
"자기를 바르게 함으로써 남을 바르게 할지니라."

유안례

해 설

조선 시대 '상소 제도'는 억울한 백성이 그 뜻을 나라에 호소할 수 있도록 한 제도이다. 모름지기 정치하는 사람은 억울한 백성이 한 사람이라도 있게 해서는 안 된다. 또 아랫사람에게는 '윗물이 맑아야 아랫물이 맑다'는 말처럼 모범을 보여야 하겠다.

한자 풀이

- **輸**(수): 보내다, 바치다. 輸送(수송)
- **御**(어): 말몰다, 임금. 御命(어명)
- **格**(격): 바로잡다, 이르르다. 格言(격언)

예화

조선 중종 때에 정붕(鄭鵬 1469-1512)은 청송 부사를 하였다.

성희안(成希顔 1461-1513)과는 어려서부터 친하게 지내었는데, 정붕에게 편지를 보내 안부를 묻고 바로 잣과 꿀을 청했다. 정붕이 답장하여 말하길

"잣은 높은 산에 있고, 꿀은 백성들의 벌통 속에 있으니, 수령된 자가 어떻게 얻을 수 있겠소?"

성희안이 부끄러워하며 사죄하였다. 심

인 물

유안례(劉安禮) : 중국 북송(北宋) 때 사람으로 자는 원소(元素).

명도 선생(明道先生) : 1032-1085. 중국 북송 때의 대학자. 성은 정(程), 이름은 호(顥), 자는 백순(伯淳), 명도는 그 호이다. 그의 동생 이천 선생(伊川先生)과 함께 '이정 선생(二程先生)'이라 불리기도 한다.

觀朝夕之早晏하여 **可以卜人家之興替**니라
관 조 석 지 조 안 가 이 복 인 가 지 흥 체

〈景行錄〉

아침과 저녁의 이르고 늦음을 보아,
그 사람의 집이 흥하고 쇠함을 알 수 있다. 경행록

해 설

'소지황금출이요 개문만복래라(掃地黃金出 開門萬福來: 땅을 쓸면 황금이 나오고, 문을 열면 만복이 들어온다)' 는 말이 있는데, 이는 아침에 일찍 일어나 문을 열고 청소를 하며 근면으로 노력해야 성공한다는 말이다.

또한 옛 어른들이 자주 쓰는 '숙흥야매(夙興夜寐)' 라는 말이 있는데, 아침 일찍 일어나고 밤 늦게 잠을 잔다는 말이다. 농경 사회였던 옛날에도 시간을 아끼기 위해 숙흥야매하였거늘, '시간은 곧 금' 이라는 현대 정보화 사회에서야 더 말할 나위가 있을까?

한자 풀이

- 早(조) : 이른 아침, 새벽. 早晩間(조만간)
- 晏(안) : 늦다, 해가 저물다.
- 卜(복) : 점치다. 卜居(복거)

예회

이씨 성을 가진 어떤 사람이 은산(殷山: 평안 남도) 고을의 현감이 되었다.

어느 날 아침, 서울 친구가 찾아가 한참을 기다렸는데 아무런 반응이 없었다. 먼길을 오느라 배가 고팠지만 참고 기다리고 있었다.

해가 떠오르자 관청에서 일을 시작하는 뿔피리 소리가 났다. 그런데 현감의 거처에서는 그제서야,

"세숫물 올려라."

하는, 아전의 목소리가 들려 왔다.

얼마 후, 해가 거의 중천에 떠올랐을 때 아침과 점심 사이를 알리는 뿔피리 소리가 났다.

그 때, 아전의 목소리가 들려 왔다.

"안장을 갖추어라."

아전의 목소리가 들리고 나서 또 한참이 지나 정오(正午)를 알리는 뿔피리 소리가 관청으로부터 들려 왔다.

그제서야 현감이 나왔다. 그의 친구가 인사를 하니 선 채로 인사말만 하고 관청으로 들어간 다음 끝내 친구를 부르지 않는 것이었다.

그 친구는 몹시 서운했다.

그런 일이 있고 얼마되지 않아 현감은 그 자리에서 해임되었다. 십

婚娶而論財는 夷虜之道也니라
혼 취 이 논 재 이 로 지 도 야

〈文仲子〉

혼인하고 장가드는 데 재물을 논하는 것은 오랑캐의 일이다.

문중자

해 설

결혼이란 사랑하는 남녀가 만나 새로운 가정을 이루는 일이다. 그런데 사랑과 인격을 뒤로하고 재물의 많고 적음을 따진다면, 이는 사람과의 결혼이 아니라 재물과의 결혼이다.

이런 사람들의 가정 생활이 화목할 리 없으며, 또한 이런 부모에게서 어찌 인격이 훌륭한 자녀를 기대할 수 있겠는가.

한자 풀이

- 婚(혼): 혼인하다, 결혼. 婚姻(혼인)
- 娶(취): 장가들다, 아내를 맞다.
- 夷(이): 오랑캐, 이민족. 夷狄(이적)
- 虜(로): 오랑캐, 포로. 胡虜(호로)

예화

사마광(司馬光 1019-1086)의 말이다.

무릇 혼인을 논의함에 마땅히 먼저 사위와 며느리 될 사람의 품행과 그 가정 교육이 어떠한가를 살펴야 할 것이요, 구차하게 그 집안의 부귀를 따져서는 안 된다.

사위 될 사람이 현명하다면, 지금은 비록 빈천하지만 어찌 후일에 부귀해지지 않겠는가? 어리석다면, 지금은 비록 부귀하고 풍요로우나 어찌 후일에 빈천해지지 않겠는가? 며느리는 집안의 성쇠를 좌우하니, 만약 한때의 부귀를 따져서 혼인한다면, 며느리가 그 부귀에 의지하여 남편을 경시하지 않을 경우가 드물 것이며, 시부모에게 버릇이 없고 또한 교만과 투기하는 성품이 자라게 되리니, 후일의 근심을 어찌하겠는가. 가령 아내의 재산을 의지해서 부(富)를 쌓고, 아내의 세력에 의지해서 귀(貴)를 이룬다고 해도, 장부의 뜻과 기상을 가진 자라면, 어찌 부끄러움이 없겠는가? 심

인물

문중자(文仲子) : 중국 수(隋)나라의 학자인 왕통(王通)의 사사로이 지은 시호. 교육 사업에 힘써서 훌륭한 제자들을 많이 배출하였다.

안의편 · 준례편

(安義篇) · (遵禮篇)

이 편은 '의리〔義〕를 편안히 여기고〔安〕' '예〔禮〕를 따르라〔遵〕는' 내용이다. 사람으로서 지켜야 할 본분에 대해서는 지금까지 많이 다루어 왔으므로, 다른 편들과 상호 참조해 주기 바란다.

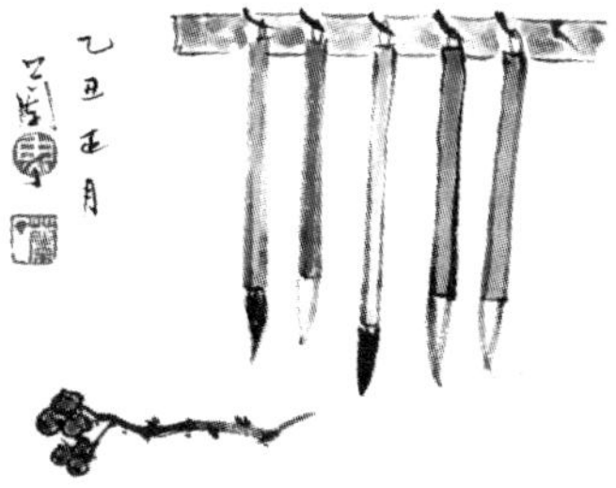

兄弟는 爲手足하고 夫婦는 爲衣服이니
형제 위수족 부부 위의복

衣服破時엔 更得新이어니와
의복파시 갱득신

手足斷處엔 難可續이니라
수족단처 난가속

〈莊子〉

형제는 수족과 같고 부부는 의복과 같으니,
의복이 떨어졌을 때에는 새 것으로 갈아입을 수 있거니와
수족이 끊어지면 잇기가 어렵다. 장자

해 설

형제간의 우애가 얼마나 중요한 것인지 비유를 들어 설명한 말이다.

또 다른 비유를 들어 말하자면 형제는 부모라는 하나의 나무에서 자라 나온 나뭇가지와 같다. 그러므로 형제간에 서로 미워하고 헐뜯는 것은 자기를 상하게 할 뿐 아니라 부모를 욕되게 한다.

한자 풀이

- 破(파): 깨지다. 터지다. 破綻(파탄)
- 更(갱): 다시, 재차. 更新(갱신)
- 續(속): 잇다, 이어지다. 續篇(속편)

예화

고려 공민왕 때 일이다. 백성 중에 아주 의가 좋은 형제가 있었다.

어느 날, 그들은 함께 길을 가다가 동생이 황금 두 덩어리를 주웠다.

양천강(陽川江: 현재 서울 양천구 쪽의 한강)을 건너게 되어 두 형제는 나룻배를 얻어 탔다. 배가 강 복판에 이르렀을 무렵이었다. 동생은 갑자기 금덩이를 강물 속으로 던졌다. 형이 깜짝 놀라며,

"왜 버리느냐?"

고 물었다.

동생은 부끄러운 표정으로 말했다.

"저는 평소 형님을 무척 좋아했는데 금덩어리를 주워 한 개를 나눠 드리고 나니, 갑자기 '형님이 안 계셨더라면.' 하는 못된 욕심이 싹트려고 합니다. 그것을 보면 황금이 꼭 좋은 물건은 아니라는 생각이 들어 강물에 던져 버린 것입니다."

"너의 말이 진실로 옳다."

형 역시 금덩어리를 강물에 던져 버렸다.

함께 배를 타고 있던 사람들이 모두 미욱한 백성들이었기 때문에 그들의 이름을 묻지 않아 어디 사는 누구였는지 아는 사람이 없었다. 심

富不親兮貧不疎는 此是人間大丈夫요
부 불 친 혜 빈 불 소 차 시 인 간 대 장 부

富則進兮貧則退는 此是人間眞小輩니라
부 즉 진 혜 빈 즉 퇴 차 시 인 간 진 소 배

〈蘇東坡〉

부유하다고 친하지 않으며, 가난하다고 멀리하지 않는 것,
이것이 바로 인간의 대장부요.
부유하면 가까이 하고 가난하면 멀리하는 것,
이는 인간 중에 참으로 소인배이다. 소동파

해 설

사람이 사람을 사귐에 인격으로 사귀어야 한다. 빈부를 따져 물질을 의식하며 교제해서는 안 된다. 사람의 삶에서 물질은 필요한 것이지만 물질로 인하여 사람의 격이 떨어지는 것은 참으로 안타까운 일이다.

한자 풀이

- 兮(혜): 운율을 맞추는 조사.
- 退(퇴): 물러나다, 그만두다. 退勤(퇴근)
- 輩(배): 무리, 짝. 同年輩(동년배)

예화

신라 문무왕(文武王) 때 사람 강수(强首 ?-692)는 외교 문서를 잘 작성하였다. 그가 젊었을 때 부곡(釜谷)에 사는 대장장이 집 딸과 부모의 허락 없이 부부 관계를 맺었는데, 금실이 좋아 정이 매우 두터웠다. 나이가 스물에 이르자 부모가 용모와 품행으로 평판이 있는 읍내의 처녀를 중매하여 아내로 맞게 하려 하니, 강수가 거절하며 두 번 장가들 수 없다고 하였다. 아버지가 노하여 말하였다.

"너는 지금 이름을 떨쳐 온 나라에 유명한데, 미천한 사람으로 짝을 삼으면, 부끄럽지 않겠느냐?"

강수가 두 번 절하고 말하였다.

"가난하고 미천함은 부끄러워할 일이 아니고, 도를 배워 행하지 못함이 진실로 부끄러워할 일입니다. 옛사람의 말에, '조강지처는 내쳐서는 안 되고, 빈천했을 때의 사귐은 잊어서는 안 된다.' 고 하였습니다. 제 아내는 차마 버릴 수 없습니다."

라고 말하니, 그의 아버지가 다시 이 일을 거론하지 않았다.

인 물

소동파(蘇東坡) : 1037-1101 북송(北宋)의 문장가로 이름은 식(軾). 부친 소순(蘇洵), 아우 소철(蘇轍)과 함께 삼소(三蘇)라 일컬어진다. 이 세 사람은 모두 당송 팔대가(唐宋八大家)에 들어 후세에 칭송을 받았다.

참고

조강지처(糟糠之妻): 술지게미와 쌀겨를 같이 먹던 아내, 곧 가난할 때 고생을 같이 하던 아내를 일컫는 말이다.

出門에 如見大賓하고 入室에 如有人이니라
출문　여견대빈　　입실　여유인

〈曾子〉

문 밖에 나갈 때에는 큰 손님을 뵙는 것과 같이 하고,
방으로 들 때에는 사람이 없어도 있는 것과 같이 하라. 증자

해 설

평소에는 아무렇게나 지내던 사람도 손님이 찾아오면 주위를 정돈하고 옷매무새를 가다듬는다. 사람들 앞에서는 정숙한 숙녀도 혼자 있는 방 안에서는 아무렇게나 지내기 쉽다. 남이 안 보는 가운데서도 몸가짐을 바로하여야 한다.

공부에 있어서 엄격한 자기 관리는 학문을 이루기 위한 필요 조건이며, 생활에 있어서 엄격한 자기 관리는 후회 없는 인생을 살기 위한 충분 조건이다.

한자 풀이

- 賓(빈): 손, 손님. 賓客(빈객)
- 入(입): 들다, 얻다. 收入(수입)

예화

중국 춘추 전국 시대, 진(晉)나라의 구계(臼季)가 임금의 심부름으로 기(冀)라는 고을을 지나고 있었다.

각결(郤缺)이 밭에서 김을 매고 있었는데 그의 아내가 새참을 내왔다. 그런데 새참을 받아든 각결이 자기의 아내를 마치 손님 맞듯이 정중히 대하였고, 그의 아내 역시 남편에게 깍듯하여 부부가 한결같았다.

그 모습을 유심히 지켜본 구계는 그들 부부와 함께 진문공(晉文公)을 만나서 다음과 같이 말했다.

"공경[敬]은 덕이 모인 것이니, 공경할 수 있다면 반드시 덕이 있습니다. 덕으로 백성을 다스리는 것이니, 임금께서는 등용하소서. '문을 나설 때는 손님을 맞이하듯이 정중히 하고, 일을 처리할 적에는 제사를 지내듯이 신중히 함이 인(仁)의 법칙이다.' 하였습니다."

진문공이 각결을 하군 대부(下軍大夫)로 삼았다.

인물

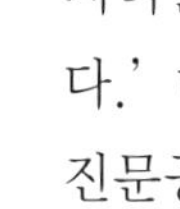

증자(曾子) : B.C.506-?. 중국 춘추 시대 노(魯)나라 사람으로, 이름은 삼(參)이며 공자의 제자이다.

若要人重我인대 無過我重人이니라
약 요 인 중 아 　 무 과 아 중 인

〈曾子〉

만약 남이 나를 중하게 여겨 주기를 바란다면
내가 먼저 남을 중히 여겨야 한다. 증자

해 설

아내를 왕비로 대하면 남편은 왕이 되고, 아내를 시녀로 대하면 남편은 하인이 된다는 말이 있다. 남을 존중하는 만큼 자신 역시 존중을 받는다.

남을 비난하고 깎아내린 만큼 자신이 높아진다고 생각하는 사람도 있으나, 이는 결코 현명한 사람의 자세가 아니다.

한자 풀이

- 要(요) : 구하다, 요점. 要求(요구)
- 過(과) : 지나치다, 허물. 過慾(과욕)

예화

후한(後漢) 말 관우, 장비와 의형제를 맺고 한 왕조(漢王朝)의 부흥을 기치로 군사를 일으킨 유비는, 처음에는 조조의 군대에게 늘 고전을 면치 못했다. 유비는 그 이유가 군기(軍紀)를 잡고 계책을 세워 군대를 통솔할 군사(軍師: 군사 작전을 기획하고 총괄하는 사람)가 없어서라고 생각하고, 사마휘(司馬徽)에게 군사로 추대할 만한 인물을 천거해 달라고 청했다.

사마휘는 복룡(伏龍)을 추천했고, 남양 땅에 사는 제갈량(諸葛亮)의 별명이 복룡이란 것을 알게 된 유비는 당장에 예물을 가지고 제갈량의 초가집을 찾아갔다.

그러나 제갈량은 마침 집에 없었다. 며칠 후 유비는 다시 찾아갔으나, 역시 제갈량은 없었다. 동행한 관우와 장비는 일부러 피하는 것이라고 불평했다.

"지난번에 왔다 가면서 다시 온다고 했는데 또 없다니 이건 너무 무례한 것입니다. 제갈공명이 제가 뭔데 이렇게 오만한 것입니까. 이젠 다시 찾아오지 맙시다."

그러나 유비는 고개를 저었다.

"인물을 얻는 것은 원래 어려운 법이다. 그러려면 다음엔 너희는 따라 나서지 말아라."

이렇게 말하고는 관우와 장비의 만류에도 불구하고 또다시 제갈공명의 초가집을 찾았다.

제갈량은 유비의 열의에 감동하여 결국 군사(軍師)가 되기를 승낙했다.

그 후 제갈공명은 기대했던 대로 적벽대전(赤壁大戰)에서 조조의 100만 대군을 격파하는 등 수많은 전공을 세웠고 유비는 촉(蜀)나라의 황제가 되었다. 심

언어편 · 교우편

(言語篇) · (交友篇)

이 편은 언어[言語] 사용과 교우[交友]의 중요성을 강조한 선인(先人)들의 말씀을 모은 것이다. 말을 사리에 맞게 하고, 유익한 벗을 사귀는 일은 쉽지 않다. 하지만 말과 행동이 일치하도록 노력하고, 좋은 친구와 사귀는 일을 게을리하지 말아야 하겠다.

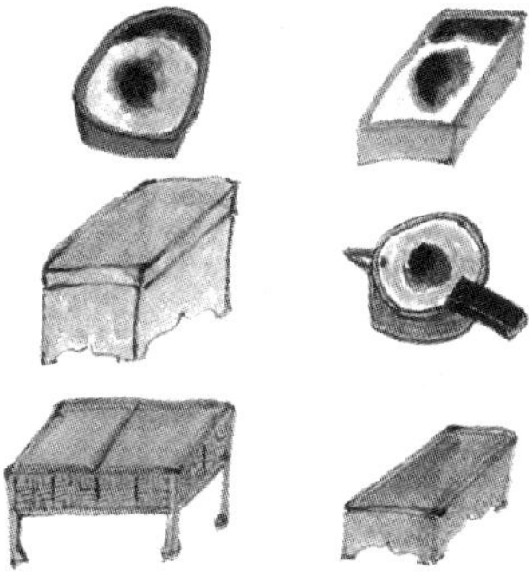

言不中理면 不如不言이니라
언 불 중 리 불 여 불 언

〈劉會〉

말이 이치에 맞지 않으면 말하지 않느니만 못하다.

유회

해 설

요즘같은 자기 PR 시대에서는 말을 잘 하는 것이 그 사람에 대한 평가 조건이 되기도 한다. 그리하여 부모는 자녀를 어려서부터 웅변 학원에 보내, 남 앞에서 조리 있고 똑똑하게 말을 하는 재주를 배우게 한다.

그러나 정작 중요한 것을 잊고 있는 부모들이 있는 것 같다. 말을 잘 하는 것보다 진실하고 필요한 말을 하는 것이 중요하다.

한자 풀이

- 中(중): 맞다, 가운데. 的中(적중)
- 言(언): 말, 말하다. 言語(언어)

예화

서울에서 어떤 열한 살짜리 여학생이 독립 운동을 하였다는 이유로 체포되었다. 일본 경찰이 엄하게 심문하며 다그쳤다.

"너는 왜 깃발을 들고 기뻐하였느냐?"

소녀가 답하였다.

"저는 잃어버린 물건을 다시 찾아 기뻤습니다."

일경이 다시 물었다.

"네가 잃은 물건이 무엇이더냐?"

소녀가 답하였다.

"우리 대한 민국 대대로 전해 내려온 삼천리 금수강산입니다."

일경이 성난 목소리로 말했다.

"너 같은 어린애가 무얼 안다고 이를 기뻐하느냐?"

소녀가 다시 온순한 말로 답하였다.

"당신은 정말 딱하군요. 지난번에 우리 어머니가 작은 바늘을 잃어버리시고 반나절을 찾아 겨우 찾고서 희색이 얼굴에 가득하던데, 삼천리 금수강산을 다시 찾았으니 어떤 즐거움이 이것과 같겠어요?"

일본 경찰도 소녀의 말에 감격하여 눈물을 흘렸다. 심

인물

유회(劉會) : 생몰 연대가 알려져 있지 않다.

一言不中이면 千語無用이니라
일 언 불 중 　　 천 어 무 용

〈劉會〉

한 마디 말이 맞지 않으면 천 마디 말이 쓸데없다.

유회

해 설

우리 속담에 '콩으로 메주를 쑨다고 하여도 곧이 듣지 않는다'는 말이 있다. 평소 거짓말을 잘 하여 신용을 잃으면 옳은 말을 해도 믿어 주지 않는다는 뜻이다.

신용이 있어야 생각이 전달되고, 생각이 전달되어야만이 일을 이룰 수 있다.

쓸데없는 말과 거짓말을 경계하도록 하자.

한자 풀이

- 語(어) : 말, 말하다. 國語(국어)
- 無(무) : 없다, 무시하다. 有無(유무)

예화

계찰(季札)은 오(吳)나라 왕 수몽의 막내아들로서 사신의 임무를 띠고 북쪽으로 여행하다가 서(徐)나라를 방문하니, 서나라 임금이 계찰의 보검을 탐내었으나 말하지는 못하였다.

계찰이 마음 속으로 그 사실을 알면서도 외국에 사신으로 가는 길이었으므로 보검을 바치지 못하였다.

돌아오는 길에 서나라에 도착해 보니 서나라 임금이 이미 죽은 뒤였다.

그는 그 보검을 풀어 서나라 군주의 무덤가 잣나무에 걸어 놓고 떠나갔다. 시종이 묻기를

"서나라 임금은 이미 죽었는데 누구에게 주시려는 겁니까?"

계찰이 말하였다.

"그렇지 않다. 처음 내 마음에 이미 결심하였거늘 어찌 죽었다고 하여서 본래 먹은 마음을 저버리겠는가?" 십

참고

오(吳) : 중국 춘추 전국 시대의 나라 이름. 양쯔 강 하류 강소(江蘇) · 절강(浙江) 지방에 걸쳐 있던 나라.

口舌者는 禍患之門이요 滅身之斧也니라
구설자 화환지문 멸신지부야

〈君平〉

입과 혀는 화와 근심의 문이요,
몸을 망하게 하는 도끼와 같은 것이다. 군평

해 설

말과 행동은 생각을 겉으로 드러낸 것이다. 한 번 드러낸 말과 행동은 주워 담을 수 없다. 그러므로 생각나는 대로 경솔히 언행해서는 안 된다. 그리고 남의 흉을 본다거나 이유 없이 비난하는 따위의 일은 삼가야 한다.

왜냐 하면 이를 듣고 있는 이가 이 일을 미루어 말하는 이의 인격을 판단하기 때문이다. 또 이를 듣고 있는 이는 말하는 이가 자신의 인격도 무시한다고 생각한다.

한자 풀이

- 舌(설): 혀, 말. 毒舌(독설)
- 滅(멸): 멸망하다, 없어지다. 滅亡(멸망)
- 斧(부): 도끼, 베다. 斧鉞(부월)

예화

석우로(昔于老)는 신라 시대 내해 이사금(신라 왕의 호칭)의 아들이다.

그는 지략이 뛰어나서 조분왕 때에 대장군이 되었는데, 조분왕 4년 7월에 왜적(倭賊)이 군사를 이끌고 침입하자 불을 이용하여 적을 섬멸하는 등 많은 전공을 세웠다.

그러나 그는 입이 가벼워 진중하지 못한 점이 있었다.

첨해왕(沾解王) 때에 왜국의 사신 갈나고(葛那古)가 왔는데 석우로가 그를 접대하는 일을 맡게 되었다.

석우로가 갈나고와 환담을 나누다 농담삼아,

"조만간 당신네 임금을 우리 나라의 염노(鹽奴:소금 굽는 사내)로 만들고, 왕비는 또 밥어미(가정부)로 삼을 것이오. 하하하!"

하고 말하며 웃었다.

갈나고로부터 이 말을 전해 들은 왜국의 임금은 몹시 노하여 우도주군(于道朱君)을 보내 신라를 침범하였다.

갑작스럽게 당한 일이라 미처 대비를 하지 못했던 첨해왕은 유촌(柚村)으로 피난하였다.

그러자 석우로는,

"지금 이런 전쟁을 겪는 이유는 제가 말을 삼가지 못한 까닭이오니, 제가 책임을 지겠습니다."

하고 단신으로 왜군 진지에 찾아가서 말했다.

"지난번의 말은 농담에 지나지 않았는데 어찌 이 말을 믿고 군사를 일으켜 이렇게까지 한단 말이오?"

그러나 왜군은 화를 풀지 않고 끝내 석우로를 잡아 나무를 쌓

아 그 위에 올려놓고 불태워 죽이고는 돌아갔다.

석우로는 전쟁에 나가 승리하는 지혜와 용기를 가졌으나, 가벼운 입 때문에 뜻밖의 죽음을 당했던 것이다.

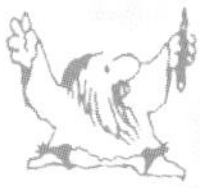

인 물

군평(君平) : 중국 한(漢)나라 무제(武帝) 때 사람 엄군평(嚴君平)으로 보인다.

與善人居면 如入芝蘭之室하여 久而不聞
여선인거 여입지란지실 구이불문

其香이나 卽與之化矣요
기향 즉여지화의

與不善人居면 如入鮑魚之肆하여 久而不
여불선인거 여입포어지사 구이불

聞其臭나 亦與之化矣니
문기취 역여지화의

丹之所藏者는 赤하고 漆之所藏者는 黑이라
단지소장자 적 칠지소장자 흑

是以로 君子는 必愼其所與處者焉이니라
시이 군자 필신기소여처자언

〈孔子〉

착한 사람과 같이 살면 향기로운 지초와 난초가 있는 방 안에 들어간 것과 같아서 오래 되면 그 향기를 맡지 못하나 곧 더불어 그 향기와 동화되고,
착하지 못한 사람과 같이 있으면 비린내 나는 생선 가게에 들어간 것과 같아서 오래 되면 그 냄새를 맡지 못하나 또한 더불어 그 냄새와 동화되나니,
붉은 것을 지니고 있으면 붉어지고, 검은 옻[漆]을 지니고 있으면 검어진다. 그러므로 군자는 반드시 그 함께 있는 곳을 삼가야 한다.

공자

해 설

음악을 좋아하는 친구를 만나면 나 또한 음악을 좋아하게 되고, 산책을 좋아하는 친구를 만나면 산책을 좋아하게 된다. 친구 따라 강남(양쯔 강 남쪽: 먼 길) 가는 것이다. 이렇듯 친구는 소중하다.

'평생에 좋은 친구 셋을 사귄다면 그 사람의 인생은 성공한 것이다' 라는 말이 있다. 우리는 벗을 사귐에 신중하여야 하고, 서로 이끌어 줄 수 있는 벗들이 되어야겠다.

한자 풀이

- 芝(지) : 지초, 버섯. 芝蘭之交(지란지교)
- 鮑(포) : 생선, 절인 어물.
- 肆(사) : 가게, 방자하다.

예화

순자(荀子)의 말이다. 쑥대가 삼밭에서 자라면 삼대처럼 곧아지고, 흰 모래가 갯벌 속에 던져지면 그와 같이 검게 된다. 난초의 뿌리는 향료로 쓰이는데 구정물에 담가 두면 군자나 소인이나 아무도 그것을 가까이 하지 않고, 몸에 지니려고 하지 않는다. 바탕은 향기로웠으나 구정물에 담가 두었기 때문에 그렇게 되고 만 것이다. 그러므로 군자는 반드시 마을을 가려서 살고 놀 때도 반드시 선비들과 어울려야 한다.

이것은 사악한 곳으로 들어가려는 것을 스스로 막음으로서 올바른 곳에 가까워지고자 하기 때문이다. 심

相識이 滿天下하되 知心能幾人고
상식 만천하 지심능기인

〈孔子〉

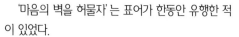

서로 얼굴을 아는 사람은 온 세상에 많지만,
마음을 아는 사람은 몇이나 되겠는가? 공자

해 설

'마음의 벽을 허물자'는 표어가 한동안 유행한 적이 있었다.

요즘처럼 각박한 세상을 살아가면서 마음을 터놓고 이야기할 수 있는 친구가 있다면 얼마나 좋을까.

하지만 그런 친구를 사귀기 위해서는 먼저 내 마음의 문을 열어야 한다는 사실을 알아야 한다.

한자 풀이

- 相(상): 서로, 보다. 相對方(상대방)
- 幾(기): 몇, 기미.

예화

학식이 높아 조정의 부름을 받았던 남명 조식(曺植 1501-1572)이 고향으로 돌아가는 길에 속리산에 은거하던 대곡 성운(成運 1497-1579)을 방문하였다.

그 때에 보은 현감 동주 성제원(成濟元 1506-1559)이 그 자리에 있었는데 남명과는 초면이었으나, 잠시 대화하고도 금방 친숙해져서 마치 예전부터 알고 지내던 사람 같았다.

함께 수일 동안 즐겁게 지내다가 작별하게 되자, 동주가 해인사에서 팔월 보름에 달맞이를 함께 할 것을 청했다. 남명이 이에 흔쾌히 응하였다.

약속한 날이 되어 남명이 소를 타고 가는데, 도중에 큰비가 내렸다.

간신히 앞 시내를 건너 절 문으로 들어가자 동주가 누각 위에서 막 도롱이를 벗고 있었다.

그들은 밤새도록 많은 이야기를 나누었는데 모두 백성이 겪는 기쁨과 슬픔에 관한 이야기였다. 쉼

不結子花는 休要種이요
불결자화 휴요종

無義之朋은 不可交니라
무의지붕 불가교

〈孔子〉

열매를 맺지 않는 꽃은 심지 말고,
의리 없는 친구는 사귀지 말라. 공자

해 설

오늘 당장 즐겁다고 해서 아무나 사귀지 말고, 의리 없는 벗은 멀리 하라는 이야기이다.

의리 있는 사람은 명분과 절의(훌륭한 목적과 행동)에 밝고 의리 없는 사람은 사리사욕(개인의 욕심)에 밝다. 먼 훗날을 내다보며, 평생을 함께 할 만한 참되고 부지런한 벗을 사귀어야겠다.

한자 풀이

- 子(자) : 아들, 씨, 열매. 柚子(유자)
- 休(휴) : 쉬다, 그치다, 말다. 休憩所(휴게소)
- 朋(붕) : 벗. 朋友(붕우)

예화

춘추 시대 노(魯)나라 사람 양호(陽虎)는 반란을 일으켰으나 실패하고 제(齊)나라로 도망했는데, 다시 죄를 짓고 조(趙)나라로 도망했다. 조나라 사람 간주(簡主)가 그에게 물었다.

"내가 듣건데, 그대는 사람을 잘 심어 준다고 하더군요."

양호가 대답하였다.

"제가 노(魯)나라에 있을 때 세 사람을 추천하였는데, 모두 고을의 수령이 되었습니다. 그런데 제가 노나라에 죄를 짓자 이들은 모두 저를 잡으러 나섰습니다. 저는 제(齊)나라에서도 세 사람을 추천하였는데, 한 사람은 임금의 신임을 받는 신하가 되었고, 한 사람은 현령(縣令)이 되었고, 한 사람은 낮은 관리가 되었습니다. 제가 죄를 짓게 되자 임금의 신임을 받는 신하는 저를 아는 체도 하지 않았고, 현령이 된 자는 저를 마중하는 체하며 체포하려 하였고, 낮은 관리가 된 자는 저를 국경까지 추격하였습니다. 저는 사람을 잘 심어 주지 못합니다."

간주가 고개를 숙여 빙긋이 웃으며 말하였다.

"귤이나 유자를 심은 사람은 그것을 달게 먹을 것이요, 또 향기로운 내음을 맡을 수 있을 것입니다. 그러나 탱자나무나 가시나무를 심은 사람은 자란 뒤에 가시에 찔릴 것이오. 그러므로 군자는 사람 심는 일을 신중히 해야 합니다." 심

君子之交는 淡如水하고
군 자 지 교　담 여 수

小人之交는 甘若醴니라
소 인 지 교　감 약 례

〈孔子〉

군자의 사귐은 맑기가 물과 같고,
소인의 사귐은 달콤하기가 단술과 같다.

공자

해 설

사람들은 눈과 귀로 사물을 받아들이기 때문에 좋은 색깔과 좋은 소리를 선호한다. 때문에 보기 좋게 꾸미는 표정과 아첨하는 말에 현혹되기 쉽다. 하지만 정도를 지키고 욕심을 부리지 않는다면 속이는 언행에 넘어가지 않을 것이다.

언제나 변함없는 올바른 마음은 물과 같이 담백한 것이다.

한자 풀이

- 淡(담): 맑다, 묽다. 淡白(담백)
- 醴(례): 단술, 달다.

예화

공자(孔子)는 말만 번지르르하게 하는 사람과 아첨꾼을 싫어했다. 아첨이란, 사리사욕(私利私慾)을 위해 자신을 속이는 행위이며, 곧 마음의 덕을 해치는 것이기 때문이다.

공자는 다음과 같이 말했다.

"말을 꾸며 하고 남의 비위를 맞추려고 얼굴빛을 곱게 하는 사람 중에는 어진 이가 드물다[巧言令色이 鮮矣仁이라]."

"말을 꾸며 하고 얼굴빛을 곱게 하고 공손을 지나치게 함을 옛날 좌구명(左丘明)이 부끄럽게 여겼는데, 나 또한 이를 부끄러워 하노라. 원망을 감추고 그 사람과 사귐을 좌구명이 부끄럽게 여겼는데, 나 또한 이를 부끄러워하노라."

路遙知馬力이요 **日久見人心**이니라
노 요 지 마 력 　　 일 구 견 인 심

〈孔子〉

길이 멀어야 말의 힘을 알 수 있고,
날이 오래 지나야 사람의 마음을 알 수 있다. 공자

해 설

사람은 평소에는 그 본심을 알기 어렵거니와 처음 만난 순간부터 그 됨됨이를 보기는 더욱 어렵다.

그러므로 어려운 일을 겪어 보지 않고는 진실한 친구를 가려 내기 어렵고, 오래 사귀어 보지 않으면 진정 좋은 친구를 알기가 어렵다.

한자 풀이

- **路**(로) : 길, 거치다. 道路(도로)
- **遙**(요) : 멀다, 아득하다. 遙遠(요원)
- **久**(구) : 오래다. 日久月深(일구월심)

예화

임진왜란 때 경남 의령에서 의병을 일으켰던 홍의장군(紅衣將軍) 곽재우(郭再祐 1552-1617)는 기개와 도량이 원대하며 성품이 호걸스러워 의리를 좋아하였다.

과거 공부를 하지 않고 나이가 사십이 넘도록 가난하게 살면서, 대삿갓에 짚신을 신고 고기잡이하면서 스스로 즐기었다. 뜻이 크고 훌륭한 기상이 있었으나, 평상시에는 온순하여 아무 능력도 없어 보였으므로 사람들이 그를 알아보는 사람이 없었다.

왜란이 일어났을 때에도 그는 의령에서 농사를 짓고 있었는데, 지방 관찰사(지방 행정관)와 절도사(지방 사령관)가 병영을 버리고, 새나 짐승처럼 도망하여 숨는 현실을 보고는 분개하여 의병을 일으키면서 말했다.

"관찰사는 중요한 책임을 맡은 자인데, 목숨을 내놓지 않고 나라의 위기 앞에서 도망하니, 초야(草野)에 있는 사람이라도 백성을 위해 죽어야 할 것이다."

집안의 노비와 의병(義兵)을 모아 오직 애국심으로 왜적을 토벌하고, 모든 재산을 군비로 썼다.

우도병마절도사(右道兵馬節度使)가 왜병을 피하여 산 속에 도망하여 있다가, 곽재우가 병사를 일으켰다는 소식을 듣고 도적이라 지목하여 체포를 명하니, 곽재우의 병사들이 동요하였다.

곽재우가 어찌할 수 없음을 알고 두류산(頭流山:지리산)으로 들어가려 하는데, 마침 초유사(招諭使: 전시에 백성에게 용기를 주어 격려하는 관리) 김성일이 내려와서 그의 명성을 듣고 격려하며 권유하니, 군대의 사기가 다시 떨쳐졌다. 심

부행편

(婦 行 篇)

이 편은 '부녀자[婦]의 행실[行]에' 대한 말씀이다.
효녀(孝女)는 부모의 마음을 기쁘게 하고, 양처(良妻)는 남편의 사업을 일으키며, 현모(賢母)는 훌륭한 자녀를 길러 낸다. 특히 가정 교육에 있어서 어머니의 역할은 아무리 강조해도 지나치지 않다.

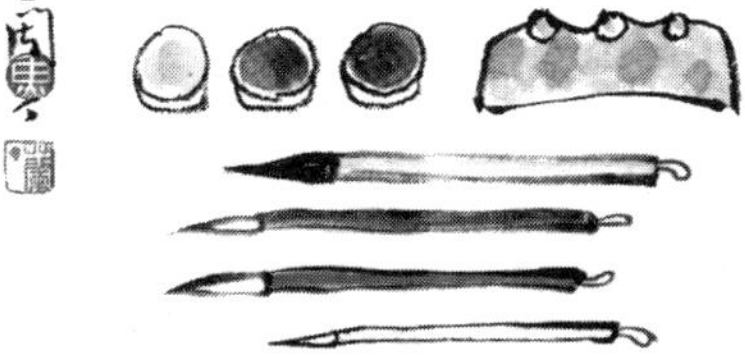

女有四德之譽하니 **一曰婦德**이요
여 유 사 덕 지 예　　일 왈 부 덕

二曰婦容이요 **三曰婦言**이요 **四曰婦工也**니라
이 왈 부 용　　삼 왈 부 언　　사 왈 부 공 야

〈益智書〉

여자에게는 네 가지 덕의 아름다움이 있으니, 첫째는 부덕을 말하고, 둘째는 부용을 말하고, 셋째는 부언을 말하며, 넷째는 부공을 말한다. 익지서

해 설

마음씨 · 맵씨 · 말씨 · 솜씨, 이것은 여인의 네 가지 덕이다. 현대 여성에게도 이 덕은 매우 중요하다. 물론 남성에게도 훌륭한 언행과 깔끔한 일처리는 꼭 있어야 할 덕목이다.

이는 곧 근면 성실한 사회인이 갖추어야 할 덕목으로 현대를 사는 우리가 다시 되새겨 볼 만한 명제이다. 옛사람의 말은 천 년이 지나도 향기가 은은하니 후인이 어찌 가벼이 보아 넘길 수 있겠는가?

한자 풀이

- 譽(예): 기리다, 칭찬하다. 名譽(명예)
- 工(공): 일, 솜씨. 工藝(공예)

예화

여인의 사덕(四德)을 익지서에서는 다음과 같이 풀어 설명하고 있다.

부덕(婦德)이라는 것은 반드시 재주와 이름이 뛰어남을 말하는 것이 아니요, 절개가 곧으며, 분수를 지키며, 몸가짐을 고르게 하고 행실을 법도에 맞게 하는 것이다.

부용(婦容)이라는 것은 반드시 얼굴이 아름답고 고움을 말함이 아니요, 먼지나 때가 없게 옷을 깨끗이 빨아 옷차림을 정결하게 하며, 목욕을 제때에 하여 몸에 더러움이 없게 하는 것이다.

부언(婦言)이라는 것은 반드시 입담이 좋고 말 잘하는 것이 아니요, 말을 가려서 하며, 예의에 어긋나는 말은 하지 않고 꼭 해야 할 때에 말해서 사람들이 그 말을 싫어하지 않는 것이다.

부공(婦工)이라는 것은 반드시 손재주가 다른 사람보다 뛰어남을 말하는 것이 아니라, 길쌈을 부지런히 하며 마늘과 술을 좋아하지 않고 맛좋은 음식을 장만하여 손님을 접대하는 것이다. 심

賢婦는 令夫貴하고 佞婦는 令夫賤이니라
현부 영부귀 영부 영부천

〈太公〉

어진 부인은 남편을 귀하게 하고,
악한 부인은 남편을 천하게 한다. 태공

해 설

이 구절은 특별히 남편을 들어 말하고 있으나, 어머니의 역할도 아내의 역할 못지않게 중요하다. 그러므로 현모양처는 남편뿐만 아니라 자녀, 더 나아가 한 집안을 흥하게 하니, 옛적에도 그러했고 지금도 역시 그러하다.

또한 남편과 아버지의 역할도 중요하다는 것을 명심해야 한다.

한자 풀이

- 令(령): 하여금, 명령하다, 착하다. 令夫人(영부인)
- 佞(녕): 아첨하다, 간악하다.

예화

고구려 평원왕의 딸이 어렸을 때 울기를 잘하므로 왕이 놀리어 말하기를,

"너를 꼭 바보 온달에게 시집보내리라."

하였다. 공주가 십육 세가 되어 혼처를 골라 시집을 보내려고 하니, 공주는

"임금은 거짓말을 할 수 없습니다."

라고 말하며 온달의 아내가 될 것을 고집하였다. 평원왕은 크게 노하여 공주를 궁궐 밖으로 내쳤다.

온달은 집이 가난하여 구걸하며 눈먼 어머니를 섬기었는데, 그때 사람들이 '바보 온달'이라고 하였다. 하루는 온달이 산 속으로부터 주린 배를 채우기 위해 느티나무 껍질을 짊어지고 돌아오니, 공주가 찾아와 자세한 이야기를 하며 결혼을 청하였다. 그 이야기를 들은 온달의 어머니가 말하기를,

"나의 아들은 어리석어 귀인의 배필이 되기에 부족하고, 우리 집은 누추하여 귀인이 거처하기에 마땅하지 않습니다."

공주가 대답하기를,

"옛말에 '한 말 곡식과 한 자 베만으로도 족하다' 하였으니, 진실로 한 마음 한 뜻이라면 부귀가 무슨 소용이 있겠습니까?"

하고 금가락지를 팔아 밭과 집, 우마(牛馬)와 살림 도구를 마련하였다.

어느 날 공주는 온달에게 말을 기를 것을 제안하며 말하였다.

"시장에 가서 장사꾼의 말을 사지 말고, 나라에서 쓰던 말로 야위어 시중에 내다 판 말을 사오십시오."

온달이 공주가 말한대로 말을 사오니, 공주가 말을 정성을 다

해 키웠다. 고구려는 해마다 삼월 삼일에 군신(君臣)이 함께 낙랑(樂浪)의 산 언덕에 모여 사냥하여 산천에 제사를 지냈는데, 온달이 공주가 기른 말을 타고 참석하여 남보다 빨리 달리고 또 사냥한 짐승도 제일 많았다. 왕이 불러서 이름을 묻고는 놀라며 칭찬하였다.

이 때 후주(後周)의 무제가 요동에 쳐들어오므로 왕이 배산(拜山)의 들에서 적을 맞아 싸웠는데 온달이 선봉이 되어 적 수십 명을 베어 죽이니 군사들이 용기를 얻어 힘써 싸워 승리하였다. 왕이 크게 기뻐하여 말하기를

"이 사람이 나의 사위다."

라고 말하고 마침내 예를 갖추어 맞아들이고 벼슬을 내렸다. 심

부록

고사 · 사자 성어

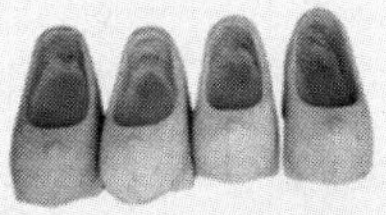

ㄱ

가담 항설(街談巷說)

세상의 소문. 떠돌아다니는 말이나 세상 이야기. 出典 조식(曹植) 〈여양수서(與楊修書)〉

가정 맹호(苛政猛虎)

지나치게 엄하고 가혹한 정치는, 범에게 먹히는 무서움이나 괴로움보다도 훨씬 참혹하다는 뜻. 出典 예기 단궁하편(禮記 檀弓下篇)

각주 구검(刻舟求劍)

미련해서 시세에 어둡고, 변통성이 없음의 비유. 옛날 초나라 사람이 배를 타고 가다가 칼을 물 속에 떨어뜨리고는 그 뱃전에 표를 해 두었다가, 배가 나루에 닿은 뒤에 표해 놓은 뱃전 밑 물 속에 들어가 칼을 찾더라는 옛일에서 나온 말. 出典 여씨춘추 찰금편(呂氏春秋 察今篇)

간담 상조(肝膽相照)

간과 쓸개를 내놓고 서로 보인다는 뜻으로, 서로의 마음을 터놓고 격의 없이 친하게 사귐을 일컫는 말. 出典 한유(韓愈) 〈유자후묘지명(柳子厚墓誌銘)〉

감언 이설(甘言利說)

남의 비위에 맞도록 꾸민 달콤한 말과 이로운 조건을 내세워 꾀는 말.

거안 제미(擧案齊眉)

밥상을 눈썹 높이로 받들어 올림. 곧 아내가 남편을 깍듯이 공경함을 이름. 出典 후한서 양홍전(後漢書 梁鴻傳)

건곤 일척(乾坤一擲)

흥하느냐 망하느냐, 성공하느냐 파멸하느냐의 운명을 하늘에 맡기고 큰 일의 성패나 승부를 겨룸. 出典 한유(韓愈) 〈과홍구시(過鴻溝詩)〉

견마지로(犬馬之勞)

임금이나 국가, 주인을 위해 힘써 일하는 것을 겸손하게 이르는 말. 개나 말이 주인을 위해, 힘을 다하여 일한다는 데서 온 말. 出典 나관중(羅貫中) 〈삼국지연의(三國志演義)〉

견문 발검(見蚊拔劍)

모기를 보고 칼을 뽑음. 곧 하찮은 일에 허둥지둥 덤비는 사람을 경계하여 이르는 말.

결초 보은(結草報恩)

죽어서 혼령이 되어도 입은 은혜를 잊지 않고 갚음. 出典 춘추좌씨전 선공 십오년(春秋左氏傳 宣公 十五年)

경이원지(敬而遠之)

존경하되 가까이하지 않음. 出典 논어 옹야편(論語 雍也篇)

계구 우후(鷄口牛後)

닭을 작은 집단, 소를 큰 집단에 비유하여, 큰 단체의 꼴찌보다는 작은 단체의 우두머리가 되는 것이 낫다는 말. 出典 전국책 한책(戰國策 韓策)

계군 일학(鷄群一鶴)

닭의 무리 속의 한 마리 학. 많은 평범한 사람 중에 뛰어난 한 사람이 섞여 있음의 비유. 出典 진서 혜소전(晋書 嵇紹傳)

계명 구도(鷄鳴狗盜)

닭이 우는 소리를 흉내내어 사람을 속이고, 개처럼 남의 물건을 훔치는 비열한 자의 비유. 진(秦)나라의 소왕(昭王)에게 붙잡힌 제(齊)나라의 맹상군(孟嘗君)이 이미 왕에게 선물한 여우 모피를 개처럼 남의 물건을 잘 훔치는 사람을 시켜 훔쳐 내게 했다. 이것을 소왕의 처에게 바치고 도움을 받아 함곡관(函谷關)까지 달아났으나, 그 곳에는 첫닭이 울기 전에는 성문을 열어 사람을 보내지 않는다는 규칙이 있었다. 그래서 닭 우는 흉내를 잘 내는 자에게 닭 우는 소리를 내게 하여, 성문이 열리자 거뜬히 탈출할 수 있었다는 옛일에서 나온 말. 出典 사기 맹상군전(史記 孟嘗君傳)

고굉지신(股肱之臣)

임금의 손발이 되어 일하는, 가장 믿고 의지할 수 있는 신하. 出典 서경 익직편(書經 益稷篇)

고복 격양(鼓腹擊壤)

중국 요제(堯帝) 때, 한 노인이 배불리 먹고서 배를 두드리고 땅을 두드리며 태평한 세상과 요제의 덕을 기렸다는 옛일에서, 좋은 정치가 이루어져 백성이 평화를 누리는 상태. 出典 십팔사략 요제편(十八史略 堯帝篇)

고육지계(苦肉之計)

자기의 몸을 괴롭혀서까지 적을 속이려는 계략. 곧 괴로운 나머지, 손해를 각오하고 어쩔 수 없이 생각해 낸 책략. 出典 나관중(羅貫中) 〈삼국지연의(三國志演義)〉

곡학 아세(曲學阿世)

도리를 어기고 진리를 잘못 이해한 학문을 가지고, 시세나 권력에 아부함. 出典 사기 유림전(史記 儒林傳)

공중 누각(空中樓閣)

공중에 지은 다락집처럼, 전연 근거가 없는 가공의 사물. 또는 신기루(蜃氣樓). 出典 심괄(沈括) 〈몽계필담(夢溪筆談)〉

과전 이하(瓜田李下)

남에게 의심 받을 일은 애초부터 하지 말라는 말. 오이밭에서 신발을 고쳐 신느라고 허리를 구부리면 오이를 따먹는 것 같고, 자두나무 밑에서 갓을 고쳐 쓰느라고 두 손을 들면 자두를 따먹는 것 같대서 나온 말. 出典 악부시집(樂府詩集)

괄목 상대(刮目相對)
눈을 비비고 다시 본다는 뜻으로, 남의 학식이나 재주가 갑자기 몰라 보게 늘어난 데 놀라서 하는 말. 出典 삼국지 오지 여몽전주(三國志 吳志 呂蒙傳注)

교각 살우(矯角殺牛)
작은 결점이나 흠을 고치려다가, 그 수단의 도가 지나쳐 도리어 전체를 망치는 것의 비유. 곧 뿔을 바로잡으려다 소를 죽인 고사(故事)에서 온 말. 出典 현중기(玄中記)

교언 영색(巧言令色)
교언(巧言)이란 남의 비위에 거슬리지 않는 교묘한 말이요, 영색이란 좋은 얼굴빛으로, 소인배들의 교묘한 수단과 아첨을 일컫는 말. 出典 논어 학이편, 양화편(論語 學而篇, 陽貨篇)

교토 삼굴(狡兎三窟)
교활한 토끼는 숨는 굴이 셋이 있어 유사시에는 셋 중의 한 곳에 숨는다는 뜻으로, 처세가 능하다는 말.

구상유취(口尙乳臭)
입에서 아직 젖내가 난다는 뜻으로, 상대가 어리고 말과 행동이 유치함을 일컫는 말. 出典 사기 고조기(史記 高祖紀)

구우 일모(九牛一毛)
많은 쇠털 중의 하나의 털. 곧 많은 것 중의 얼마 안 되는 부분. 出典 한서 사마천전(漢書 司馬遷傳)

국사 무쌍(國士無雙)
한 나라 안에서 경쟁할 만한 상대가 없다는 뜻으로, 둘도

없는 뛰어난 인재를 이름. 出典 사기 회음후전(史記 淮陰侯傳)

군계 일학(群鷄一鶴)

닭 무리 가운데 한 마리의 학. 곧 평범한 사람들 속에 한 사람의 뛰어난 인물이 섞여 있다는 비유. 出典 진서 혜소전(晋書 嵇紹傳)

군자 삼락(君子三樂)

군자의 세 가지 즐거움. 첫째는 부모가 건재하고 형제가 무고한 것. 둘째는 하늘을 우러르고 땅을 굽어보아 남 앞에 부끄러운 것이 없는 것. 셋째는 천하의 재주 있는 젊은이를 모아 교육하는 것. 出典 맹자 진심편(孟子 盡心篇)

권토 중래(捲土重來)

한 번 망한 것이 힘을 가다듬어 다시 세력을 회복함. 권토는 흙먼지를 감아 올린다는 뜻으로, 세력이 대단함을 이름. 出典 두목(杜牧) 〈제오강정시(題烏江亭詩)〉

금과 옥조(金科玉條)

금이나 옥과 같이 중요한 법칙이나 규정. 곧 자기의 주의 주장을 보증할 만한 절대적인 근거. 出典 양웅(揚雄) 〈극진미신(劇秦美新)〉

금란지계(金蘭之契)

금란은 친구 사이에 정의가 매우 두터운 상태. 이런 친구와의 사귐은 쇠보다 굳고, 그 아름다움은 난과 같다는 뜻으로, 마음으로부터 이해하고 서로 믿는 친구의 교제. 곧 두터운 우정으로 맺어진 친밀한 교제의 비유. 出典 역경 계사상(易經 繫辭上)

금상 첨화(錦上添花)

중국 북송(北宋) 중기의 정치가로 시문(詩文)을 잘 하여, 당송 팔대가의 한 사람이었던 왕안석(1021~1086)의 칠언 율

시(七言律詩) 가운데 즉사시(卽事詩)에 보인 글귀. 아름다운 것 위에 또 아름다운 것을 더한다는 뜻. 出典 왕안석(王安石)〈즉사시(卽事詩)〉

금성 탕지(金城湯池)

쇠붙이로 만든 튼튼한 성과 끓는 물이 괸 못. 곧 수비가 단단해서 치기 어려운 성의 비유. 出典 한서 괴통전(漢書 蒯通傳)

금슬 상화(琴瑟相和)

거문고와 비파를 합주하면 소리가 잘 맞아 그 음색이 매우 훌륭하다는 데서, 부부의 사이가 좋음의 비유. 出典 시경 소아 상체장(詩經 小雅 常棣章)

금의 야행(錦衣夜行)

비단옷을 입고 밤길을 간다는 말로, 아무리 부귀 영화를 누릴지라도 고향으로 돌아가지 않으면, 비단옷을 입고 밤길을 가는 것과 같아서 남이 알아 주지 않는다는 뜻. 아무 보람 없는 행동을 함을 이름. 出典 사기 항우전(史記 項羽傳)

기산지절(箕山之節)

허유(許由)와 소부(巢父)가 요(堯)의 권유를 뿌리치고 기산에서 숨어 지낸 데서, 벼슬하지 않고 물러가 숨어서 절조(節操)를 지킴을 이름. 出典 한서 포선전(漢書 鮑宣傳)

기인지우(杞人之憂)

미리 앞날의 일을 생각하여 쓸데없이 근심함. 옛날 중국 기(杞)나라 사람이 하늘이 무너져 떨어지지나 않을까 걱정하여, 밤에도 잠을 못 자고 음식도 못 먹었다는 데에서 나온 말로, 걱정하지 않아도 될 일을 이것저것 걱정함. 현재는 보통 기우(杞憂)라고 줄여 씀. 出典 열자 천서편(列子 天瑞篇)

기호지세(騎虎之勢)

사물의 세력이 성하여 중도에 아무리 그만두려 해도 그만둘 수 없게 됨을 이름. 호랑이의 등에 타고 달리면, 그 세력이 세차서 도중에 내리려 해도 내리지 못하여, 할수없이 가 닿는 데까지 간다는 뜻. 出典 수서 독고황후전(隋書 獨孤皇后傳)

ㄴ

낙양 지귀(洛陽紙貴)

낙양은 중국 하남성의 도시로 그 도시의 종이값이 오른다는 뜻. 저서가 호평을 받아 매우 잘 팔린다는 비유. 出典 진서 문원전(晉書 文苑傳)

낙화 유수(落花流水)

떨어져 흩어지는 꽃과 흐르는 물. 흩어진 꽃잎이 물위에 떠내려감. 또는 꽃은 흩어지고 물은 흘러감. 곧 가는 봄의 경치의 비유. 또 낙화를 남자, 유수를 여자에 비유하여 꽃은 물에 맡기어 흘러가고 싶고, 물은 꽃잎과 함께 흐르고 싶어 한다는 뜻으로, 남녀가 서로 그리워하는 정을 이름. 出典 고병(高駢) 〈방은자불우시(訪隱者不遇詩)〉

난형 난제(難兄難弟)

형제가 다 훌륭하여 낫고 못함을 구분하기가 어려움. 후한(後漢) 때 사람 진기(陳紀)와 진심(陳諶) 형제의 고사에서 나온 말. 出典 세설신어 덕행편(世說新語 德行篇)

남가지몽(南柯之夢)

남가는 남쪽으로 벋은 가지. 당(唐)나라 때, 강남의 양주(揚州) 교외에 사는 순우분(淳于棼)이, 뜰에 있는 커다란 회화나무 그늘에서 술상을 벌이고 술을 마시다가 취해서 쓰러져 잠들고 말았다. 꿈속에서 괴안국(槐安國) 국왕이 보낸 사신을 따라가 국왕의 사위가 되고, 남가군의 태수(장관)가 되어 영화를 누리기를 이십여 년이 지났다. 잠이 깨어 회화나무의 뿌리 밑을 파 보니, 개미집의 모양이 성 같은데 그것이 남가군이었다는 옛 이야기에 인생의 덧없음을 비유한 말. 괴몽, 괴안의 꿈이라고도 함. 出典 이방(李昉) 〈태평광기(太平廣記)〉

남귤 북지(南橘北枳)

양쯔 강 남쪽의 귤은 강북에다 옮겨 심으면 탱자로 변하고 만다. 풍토와 환경의 다름에 따라 사람의 기질 따위가 변한다는 비유. 出典 안자춘추 잡하편(晏子春秋 雜下篇)

낭중지추(囊中之錐)

뛰어난 사람. 무리 중에서 뛰어나게 현명한 사람. 주머니 속에 넣은 송곳은 그 끝이 뾰족하여 주머니를 뚫고 나오는 것과 같이, 뛰어난 사람은 많은 사람 중에 섞여 있어도 곧 재능이 나타나서 눈에 띈다는 비유. 出典 사기 평원군전(史記 平原君傳)

노마지지(老馬之智)

제(齊)나라 환공(桓公)이 길을 잃고 헤맬 때에, 관중(管仲)이 늙은 말을 풀어 놓고 그 뒤를 따라가 마침내 길을 찾았다는 옛일에서, 쓸모 없는 것 같은 사람도 때로는 유용함을 이름. 出典 한비자 설림편(韓非子 說林篇)

노발 충천(怒髮衝天)

심한 노여움을 형용하는 말. 머리털을 곤두세우고, 하늘도 찌를 듯이 노하는 모양. 出典 사기 인상여전(史記 藺相如傳)

논공 행상(論功行賞)

공적·공훈의 크고 작음을 의논하여, 상을 주는 일. 出典 삼국지 위지 명제기(三國志 魏志 明帝紀)

누란지세(累卵之勢)

달걀을 쌓아 놓은 것처럼 매우 위태로운 형세의 비유.

ㄷ

다기 망양(多岐亡羊)
갈림길이 여러 갈래여서 지키던 양을 잃어버렸다는 뜻으로, 학문을 하는 데 있어서도 너무 다방면에 걸치면 아무것도 이룰 수 없음의 비유. 出典 열자 설부편(列子 說符篇)

다다 익선(多多益善)
많으면 많을수록 더욱 좋음. 出典 사기 회음후전(史記 淮陰侯傳)

단사 표음(簞食瓢飮)
대로 만든 그릇에 담은 음식과 표주박에 담은 물. 곧 변변찮은 음식. 또는 가난한 생활에 만족함을 이름. 出典 논어 옹야편(論語 雍也篇)

당랑 거철(螳螂拒轍)
당랑은 버마재비라는 곤충. 제(齊)나라의 장공(莊公)이 사냥을 갔을 때, 버마재비 한 마리가 앞발을 들고, 그 수레에 뛰어오르려고 했다. 장공이 마부에게 "뭐라는 벌레냐"고 묻자, 마부는 "버마재비라는 것인데, 앞으로 나아갈 줄만 알고 물러설 줄을 모릅니다. 자기의 힘도 모르고 상대를 가벼이 봅니다."라고 대답했다. 장공은 "만일 이 벌레가 인간이라면, 반드시 천하의 용자가 될 것이다."고 말하여 버마재비를 피하여 지나갔다는 옛일에서, 힘이 약한 자가 자기의 역량은 생각하지 않고 강적에게 덤벼듦을 이름. 出典 장자 인간세편(莊子 人間世篇)

대기 만성(大器晩成)
종이나 솥처럼 큰 그릇은 하루 아침에 만들 수 없듯이, 크게 될 사람은 발달은 더디지만, 꾸준히 실력을 기르다 보면 나중에 큰 인물이 됨을 이름. 出典 노자 제41장(老子 第41章)

도불습유(道不拾遺)

나라가 잘 다스려져 길바닥에 물건이 떨어져 있어도 주워 가지 않음. 곧 나라가 태평하게 잘 다스려짐을 비유한 말. 出典 전국책 진책(戰國策 秦策)

도원 결의(桃園結義)

복숭아나무가 우거진 동산에서 의를 맺는다는 뜻으로, 사사로운 욕심이나 야망을 버리고 몸과 마음을 어떤 목적을 향해 같이 행동함. 후한 때 일어난 황건적의 난으로 만나게 된 유비, 관우, 장비가 유비의 집에 모여서 군사를 일으킬 것을 의논하고, 복숭아나무 아래에서 형제의 의를 맹세한 옛일에서 나온 말. 出典 한서 매복전(漢書 梅福傳)

도청 도설(道聽塗說)

길을 가다가 귓결에 들은 이야기를, 이내 다른 사람에게 옮겨 말함. 곧 자세히 알지 못하면서 남에게 전한다면 도덕을 버리는 것과 같음을 이름. 出典 논어 양화편(論語 陽貨篇)

독서 삼여(讀書三餘)

독서하기 좋은 세 가지 여가. 〈春秋左氏傳〉의 주(注)로 유명한 위나라의 동우(董遇)가 제자가 되고 싶다고 찾아온 자에게 "우선 몇 번이고 거듭 읽으라. 그렇게 하면, 그 말하려고 한 바가 저절로 알아지리라."라고 말하니까, "그럴 여가는 없습니다." "아니 아니, 세 가지 여가가 있지 아니한가. 농사일 없는 겨울과 낮의 나머지인 밤, 일 못하는 비 오는 날이 있지 아니한가."라고 말한 데서 나온 말. 出典 삼국지 위지 동우전(三國志 魏志 董遇傳)

동병 상련(同病相憐)

같은 처지에 있거나, 같은 괴로움을 가진 자는 서로 동정하고 도움. 서로 가엾게 여긴다는 뜻. 出典 오월춘추 합려내전(吳越春秋 闔閭內傳)

동상 이몽(同床異夢)
침상(침대)을 나란히 하면서도 마음은 떨어져 있음. 또는 목적이 같은 동아리라도 생각하는 것과 의견을 달리함을 이름. 出典 진량(陳亮) 〈여주원회서(與朱元晦書)〉

득롱 망촉(得隴望蜀)
농서 지방을 얻고 또다시 촉을 탐낸다는 뜻으로, 끝이 없는 인간의 욕심에 비유되어 쓰임. 出典 후한서 잠팽전(後漢書 岑彭傳)

득어 망전(得魚忘筌)
물고기를 잡고 나면 통발을 잊음. 곧 어떤 목적을 달성하고 나면 그 목적 달성을 위하여 썼던 사물을 잊어버림의 비유. 통발은 가느다란 댓조각을 엮어서 통처럼 만든 고기 잡는 제구. 出典 장자 외물편(莊子 外物篇)

등용문(登龍門)
용문이란 원래 황하 상류의 협곡 이름. 이 곳의 급류는 워낙 세차 물고기가 거의 올라가지 못하는데, 잉어가 이 급류를 거슬러 올라가면 용이 된다는 전설이 있음. 곧 입신 출세할 수 있는 관문이나 중요한 시험의 비유.

등화 가친(燈火可親)
가을은 기후가 좋고 밤이 길어서, 등불 밑에서 독서하기에 가장 알맞다는 뜻. 出典 한유(韓愈) 〈부독서성남시(符讀書城南詩)〉

ㅁ

마이 동풍(馬耳東風)
남의 말을 귀담아듣지 않음. 말의 귀에 동풍이 스쳐도 느끼지 못하는 것처럼, 남의 의견이나 충고 따위에 아랑곳하지 않고 흘려듣는다는 말. 우리 속담의 '쇠귀에 경 읽기'란 말과 같음. 出典 이백(李白) 〈답왕십이한야독작유회시(答王十二寒夜獨酌有懷詩)〉

마중지봉(麻中之蓬)

마(삼)는 곧게 자라지만 쑥은 구부러져 나는데 그 쑥도 삼 속에 섞여 나면 곧게 자란다는 뜻으로, 좋은 환경에 감화되어 악이 바로잡힌다는 말. 出典 순자 권학편(荀子 勸學篇)

막역지우(莫逆之友)

서로 허물 없이 지내는 벗. 出典 장자 대종사편(莊子 大宗師篇)

만사 휴의(萬事休矣)

어떤 사태에 직면해서 더 손쓸 수단도 없고 모든 것이 끝장남. 곧 모든 일이 전혀 가망이 없는 절망과 체념의 상태를 말함. 出典 송사 형남고씨세가전(宋史 荊南高氏世家傳)

만촉지쟁(蠻觸之爭)

작고 시시한 일로 다툼. 위(魏)나라의 혜왕이 제(齊)나라의 위왕에게 배반당하고 군사를 일으키려 했을 때, 대진인(戴晋人)이라는 자가 "달팽이의 왼쪽 뿔에 촉(觸)씨가, 오른쪽 뿔에 만(蠻)씨가 나라를 세워, 서로 영토를 다투어 싸운 일이 있습니다. 우주의 광대함에 비하면 왕과 달팽이의 뿔 위의 만씨와의 사이에 무슨 차이가 있겠습니까."라고 하여, 사람의 일이 얼마나 보잘것없이 작은 것인가를 말한 우화. 出典 장자 칙양편(莊子 則陽篇)

망양지탄(望洋之嘆)

바다를 바라보듯이 넓고 커서 짐작하기 어려울 때의 탄식. 곧 위대한 인물이나 깊은 사상·학문 따위에 대하여, 자기의 능력이 이르지 못함을 깨닫고 하는 탄식. 出典 장자 추수편(莊子 秋水篇)

맹귀 부목(盲龜浮木)

'넓고 큰 바다에 살아 백 년에 한 번 바다 위에 떠오르는 눈먼 거북이 우연히 물에 뜬 나무를 잡는다'는 뜻으로, 어려운 판에 뜻밖의 행운을 얻음을 이름. 出典 열반경(涅槃經)

맹모 단기(孟母斷機)

맹자의 어머니가, 학문도 길쌈과 같아서 꾸준히 노력하지 않으면 성취할 수 없다고 하여, 맹자가 학문을 중도에 그만두고 집으로 돌아온 것을 마침 짜고 있던 베를 잘라서 훈계한 옛일에서 나온 말. 出典 유향(劉向) 〈열녀전(列女傳)〉

맹모 삼천(孟母三遷)

맹자의 어머니가 맹자의 교육을 위해 세 번 집을 옮긴 옛일. 맹자가 어렸을 때, 그 집이 묘지 근처에 있었기 때문에, 맹자가 장사지내는 흉내를 내고 놀았다. 그래서 시장 근처로 이사하자, 장사하는 흉내만 내므로, 이번에는 학교 근처로 이사했다. 그러자 항상 예의 범절을 흉내내고 놀게 되었다는 옛일에서 나온 말로, 교육에는 환경의 감화가 크다는 가르침. 맹모삼천지교(孟母三遷之敎) 出典 유향(劉向) 〈열녀전(列女傳)〉

명경 지수(明鏡止水)

밝은 거울과 잔잔한 물처럼, 요사스런 생각이 전연 없어 맑은 물과 같은 심경의 비유. 出典 장자 덕충부편(莊子 德充符篇)

모원 단장(母猿斷腸)

창자가 끊어지는 것 같은 슬픔, 애통함의 형용. 진(晋)나라 환온(桓溫)이 촉나라를 치려고 양쯔 강 계곡에 배를 띄웠을 때, 어느 병사가 새끼원숭이를 사로잡았다. 어미원숭이는 비통하게 울며 배를 뒤쫓아와서는 배에 뛰어올라 죽었는데, 그 어미원숭이의 배를 갈라 보니 창자가 토막토막 끊겼더라는 고사에서 나온 말.

무릉 도원(武陵桃源)

무릉의 어부가 곡천을 거슬러 올라가는 동안에 우연히 복숭아 꽃이 피는 숲으로 들어갔다 다시 거슬러 올라가니, 물의 근원에서 숲은 끝나고, 그 앞은 산이었다. 산의 작은 구멍을 빠져나가니 울창한 숲이 있고, 거기에 사는 사람들은 진(秦)나라 때, 난을 피하여 옮겨 온 뒤로, 외계와의 교제를 끊고 있었기 때문에 세상이 달라진 것을 전연 모르고 있었다. 며칠 묵고 떠났으나, 그 뒤로는 아무도 거기를 찾아내지 못했다. 그 지명으로 말미암아 무릉 도원이라 한다. 지금의 도원현 도원산이며, 이 옛일로 세상에서 떨어진 딴세상을 말함. 별천지(別天地). 出典 도연명(陶淵明) 〈도화원기(桃花源記)〉

묵적지수(墨翟之守)

성의 수비가 굳세고 튼튼함의 비유. 묵적은 사상가 묵자의 본명. 초나라 공수반(公輸般)이 운제라는 구름까지 닿는 사다리를 만들어 송나라를 치려 했을 때, 묵적은 초나라에 가서 공수반과 좌상(坐上)에서 모의 공방전을 하여, 공수반의 공격을 물리쳐 막았다는 옛일에서 나온 말. 出典 후한서 정현전(後漢書 鄭玄傳)

문경지교(刎頸之交)

문경은 목을 옆으로 후려 벤다는 뜻. 상대를 위해서는 자기의 목이 잘리더라도 한이 없을 만큼 두터운 우정으로 맺어진 교제. 곧 생사를 함께 할 만큼 친한 사이의 비유. 중국의 춘추시대 때, 조(趙)나라의 염파(廉頗) 장군은, 진(秦)나라와의 담판에 공적이 있던 인상여(藺相如)가 자기보다 윗자리에 앉은 것을 못마땅히 여겨, 인상여에게 창피를 주려고 했다. 이것을 안 인상여는, 매사에 염파를 피했기 때문에 부하들이 분해하므로, 그는 "진나라가 싸움을 걸지 못하는 것은 조나라에 우리 둘이 있기 때문으로, 지금 이 두 범이 싸우면 서로가 다 죽고 말 것이다. 나라가 위태로운 이 때에 개인적인 원한은 뒤로 돌려야 하는 것이다."라고 말했다. 이 이야기를 들은 염파는 크게 부끄러워하여, 저고리를 벗고 가시나무 회초리를 등에 지고 인상여의 집을 찾아가 사죄하고, 문경의 사귐을 맺었다

는 옛일에서 나온 말. 出典 사기 인상여전(史記 藺相如傳)

문전 성시(門前成市)

대문 앞이 저자를 이룸. 곧 세도가의 집 앞은 찾아드는 사람으로 붐빈다는 뜻으로, 세상 인심의 덧없음을 이름. 出典 태평기(太平記)

미생지신(尾生之信)

신의가 두터움. 또는 우직하여 융통성이 없음. 중국 춘추 시대 때, 노(魯)나라의 미생(尾生)이 다리 밑에서 여자와 만나기로 약속했으나, 여자는 오지 않고 기다리는 동안에 물이 불었으나, 미생은 거기를 떠나지 않고 기둥을 안고 죽었다는 우화에서 나온 말. 出典 장자 도척편(莊子 盜跖篇)

ㅂ

박람 강기(博覽強記)

널리 고금의 서적을 읽고, 그 내용을 잘 기억하고 있음. 出典 한시 외전상(漢詩 外傳上)

반근 착절(盤根錯節)

구불구불 구부러진 뿌리에 얽힌 마디. 곧 뒤얽혀서 처리하기 어려운 일이라는 뜻. 중국 후한(後漢) 때, 우후(虞詡)가 도적의 무리가 위세를 떨치고 있는 조가현(朝歌縣), 현재의 안휘성에 장관으로 부임할 때에 "반근 착절을 만나지 못하면, 예리한 칼도 그 진가를 알 수 없다."고 말한 옛일에서 나온 말. 出典 후한서 우후전(後漢書 虞詡傳)

반식 재상(伴食宰相)

반식은 귀인을 모시고 먹음. 어지간한 직책이나 지위에 있으면서 실력이 따르지 않아, 유능한 재상의 곁에 달라붙어 자리에 붙어 있는 무능한 재상의 비유. 당나라 현종(玄宗) 시대에, 청렴 결백하고 검약가였던 노회신(盧懷愼)이 요숭(姚崇)과 함께 재상직에 있었을 때, 모든 일을 요숭에게 맡기고 자신은 한 걸음 물러서 있었다. 그래서 당시 사람들은 노회신을 반식 재상이라고 했다는 옛일에서 나온 말. 出典 구당서 노회신전(舊唐書 盧懷愼傳)

반포지효(反哺之孝)

까마귀는 새끼가 깨면 60일 동안 먹이를 물어다가 먹이는데, 그 까마귀가 자라면 역시 60일 동안 어미에게 먹이를 물어다 주어, 길러 준 은혜를 갚는다는 중국 고래의 전설. 곧 자식이 어버이를 봉양하여 그 은혜를 갚는 효행을 이르는 말.

발본 색원(拔本塞源)

나무의 뿌리를 뽑아 버리고, 물의 근원을 막아서 통하지 않게 함. 곧 사물의 근원까지 거슬러 올라가 처리함을 이름. 出典 춘추좌씨전 소공 구년(春秋左氏傳 昭公 九年)

방약무인(傍若無人)

남 앞에서 거리끼지 않고, 마치 곁에 아무도 없는 것처럼 언행을 제멋대로 하는 것을 일컫는 말. 出典 진서 왕돈전(晋書 王敦傳)

배수지진(背水之陣)

한(漢)나라의 명장 한신(韓信)이 일부러 강을 등지고 진을 쳐, 물러설 수 없는 결사의 각오로 적과 싸워 조군(趙軍)을 무찌른 옛일에서 각오를 단단히 하고 전력으로 일의 성부(成否)를 시도하는 것을 이르는 말. 出典 사기 회음후전(史記 淮陰侯傳)

배중 사영(杯中蛇影)

아무것도 아닌 일에 신경을 괴롭히고, 육체적으로도 병이 되는 것. 한(漢)나라의 두선(杜宣)이 상사의 집에서 술을 대접받았다. 잔 속에 비친 붉은 그림자를 뱀으로 알고는 오싹

소름이 끼쳤으나, 상사의 앞이라 그냥 마시고 병이 되었다. 나중에 그것이 벽에 걸린 활의 그림자였음을 알고 금방 병이 나았다는 옛일에서, 공연한 의심을 품고 혼자 고민하는 것의 비유. 出典 진서 악광전(晋書 樂廣傳)

백년 하청(百年河淸)

가망도 없는 것을 언제까지나 기다리는 것. 또는 오랫동안 기다려도 바라는 것이 이루어지지 않는다는 비유. 하(河)는 중국 대륙을 흐르는 황하(黃河)로, 황토 지대를 흐르므로 항상 누렇게 흐려 있으나, 천 년에 한 번은 맑아진다고 전함. 出典 춘추좌씨전 양공 팔년(春秋左氏傳 襄公 八年)

백락 일고(伯樂一顧)

백락이 한 번 돌아다봄. 백락은 중국 춘추 시대의 말의 감정가. 명마도 백락을 만나야 그 진가가 알려진다는 뜻. 어떤 사람이 말을 팔려고 시장에 냈으나 쉽사리 팔리지 않으므로, 백락에게 한 번 보아 달라고 부탁했다. 백락은 말을 보고 돌아섰다가 다시 한번 돌아다보았다. 그러자 말값이 갑자기 열 배로 뛰었다는 옛일에서, 훌륭한 사람에게 인정받음의 비유. 出典 후한서 외효전(後漢書 隗囂傳)

백아 절현(伯牙絶絃)

친구의 죽음을 슬퍼함. 중국 춘추 시대의 사람으로 거문고의 명수였던 백아(伯牙)는 자기가 뜯는 거문고 소리를 들어주던 친구인 종자기(鍾子期)가 죽자, 들어 줄 사람이 없어진 것을 슬퍼하여 거문고를 깨뜨려 버리고, 두 번 다시 뜯지 않았다는 옛일에서 생긴 말. 出典 여씨춘추 본미편(呂氏春秋 本味篇)

백척 간두(百尺竿頭)

길이가 백 척이나 되는 긴 장대 위에서 다시 한 걸음 더 나간다는 뜻으로, 이미 노력해서 극점에 이르러 있으나 다시 더 노력해서 향상하려 함의 비유. 出典 원도(原道) 〈경덕전등록(景德傳燈錄)〉

병입고황(病入膏肓)
병이 깊이 들어 치료할 수 없음을 이름. 고황은 병이 그 속에 들어가면 낫기 어렵다는 몸의 한 부분. 出典 춘추좌씨전 성공 십년(春秋左氏傳 成公 十年)

복수 불반(覆水不返)
한 번 엎질러진 물은 다시 동이(그릇)로는 돌아오지 않는다. 곧 한 번 헤어진 부부의 사이는 본디대로 되지 않음. 한 번 저지른 잘못은 돌이킬 수 없다는 비유. 出典 후한서 하진전(後漢書 何進傳)

부창 부수(夫唱婦隨)
남편이 말을 꺼내면 아내가 그것을 따름. 곧 내외가 의좋게 화합함을 이름. 出典 관윤자 삼극(關尹子 三極)

분서 갱유(焚書坑儒)
진나라 시황제가 기원전 213년, 승상 이사(李斯)가 올린 의견에 따라, 의학·복서·농업 이외의 모든 책을 불살라 버리고, 이듬해 함양에서 유생(儒生) 460여 명을 생매장해서 죽인 옛일에서 나온 말. 出典 사기 진시황기(史記 秦始皇紀)

붕정 만리(鵬程萬里)
북해에서 남해까지 붕새가 날아가는 만리 길. 곧 바다가 대단히 넓음을 말함. 머나먼 여정, 또는 사람의 앞길이 요원함의 비유. 出典 장자 소요유편(莊子 逍遙遊篇)

비육지탄(髀肉之嘆)
후한(後漢) 말, 후에 촉나라 소열제(昭烈帝)가 된 유비(劉備)가 전란이 없어 안일하게 지내며 말을 타지 않았으므로, 사타구니에 살이 붙은 것을 한탄했다는 옛일에서, 수완과 기량을 떨칠 곳이 없음을 한탄함의 비유. 出典 삼국지 촉지 선주전주(三國志 蜀志 先主傳注)

빈계지신(牝鷄之晨)
암탉이 울어서 새벽을 알림. 곧 이치가 뒤바뀌어 집안이 망할 징조라는 뜻으로, 아내가 남편의 할 일을 가로맡아 자기 마음대로 처리함을 이르는 말. 出典 서경 목서편(書經 牧誓篇)

빈자 일등(貧者一燈)
가난한 사람이 밝힌 등불 하나라는 뜻으로, 가난 속에서도 적으나마 보인 성의가 부귀한 사람들의 정성 없는 많은 보시(布施)보다도 가치가 큼을 이름. 곧, 정성이 소중하다는 뜻. 出典 현우경 빈녀난타품(賢愚經 貧女難陀品)

ㅅ

사면 초가(四面楚歌)
주위가 모두 적이나 반대자뿐으로, 한 사람도 자기 편이나 돕는 사람이 없음의 비유. 초(楚)나라의 항우가 한(漢)나라 유방(劉邦)의 군사에게 포위되었을 때, 유방의 모신(謀臣) 장량은 밤에 한나라 군사들에게 초나라의 노래를 부르게 하였다. 이 소리를 들은 항우는 초나라 백성이 모두 한나라에 항복한 줄 알고 놀랐다는 옛일에서 온 말. 出典 사기 항우기(史記 項羽紀)

삼고지례(三顧之禮)
세 번 찾아가서 예절을 다함. 중국 삼국 시대에 유비가 제갈량을 군사(軍師)로 맞아들이려 집에 직접 찾아갔으나 만나지 못하고, 세 번째 찾아가 청하여 겨우 승낙을 받은 데서 나온 말. 삼고 초려(三顧草廬). 出典 삼국지 촉지 제갈량전(三國志 蜀志 諸葛亮傳)

상가지구(喪家之狗)
장례 지내는 집 사람은 문상객 치르느라고 기르는 개에게 먹이 주는 것을 잊으므로, 그 개는 며칠을 굶어서 쇠약해진다는 데서, 말라서 기운을 차리지 못하는 사람의 비유. 出典 사기 공자세가전(史記 孔子世家傳)

상전 벽해(桑田碧海)

뽕나무밭이 푸른 바다로 변함. 곧 세상의 변천이 심함의 비유. 出典 유희이(劉希夷) 〈대비백두옹시(代悲白頭翁詩)〉

새옹지마(塞翁之馬)

옛날 중국 북방의 국경 지대에 점술에 능한 노인이 살았다. 어느 날 이 노인의 말이 오랑캐들의 땅으로 달아나 버렸다. 노인은 조금도 서운해하지 않았다. 몇 달이 지난 어느 날, 달아났던 말이 오랑캐의 좋은 말을 데리고 돌아왔다. 노인은 조금도 좋아하지 않았다. "이게 무슨 화가 될는지 모르오." 그런데 그의 아들이 오랑캐의 말을 타다가 떨어져서 절름발이가 되고 말았다. 노인은 "이 일이 어떤 다행한 일이 될는지 모르오." 하고 태연하였다. 그 후, 일 년쯤 지나서 오랑캐가 쳐들어왔다. 마을의 젊은이들은 모두 싸움터에 나가 대부분이 전사했다. 그러나 노인의 아들은 불구자였으므로 무사했다. 이 옛 이야기에서, 인생의 길흉이나 화복은 예측할 수 없다는 말. 出典 회남자 인간훈편(淮南子 人間訓篇)

송양지인(宋襄之仁)

착하기만 한 쓸데없는 인정. 춘추 시대에, 송(宋)나라 양공(襄公)이 초(楚)를 칠 때, 그 아들 목이(目夷)가 "초나라의 포진이 정비되기 전에 치자."고 청하였으나, "군자는 남이 어려운 처지에 있을 때 괴롭혀서는 안 된다."고 하면서, 적이 포진하기를 기다리다가 오히려 초에게 망했다는 옛일에서 나온 말. 出典 십팔사략 춘추전국(十八史略 春秋戰國)

수구 초심(首丘初心)

언덕에 굴을 파고 사는 여우는 죽을 때, 그 머리를 자기가 살던 언덕 쪽에 둔다 함. 곧 근본을 잊지 않음. 또 고향을 간

절히 그리는 향수를 이름. 出典 예기 단궁상편(禮記 檀弓上篇)

수서 양단(首鼠兩端)
쥐가 구멍 속에서 목을 내밀고 주위를 둘러보며, 망설이고 있다는 뜻에서, 결단을 못 내리고 거취(去就)를 결정하지 못하는 모양. 出典 사기 위기무안후전(史記 魏其武安侯傳)

수어지교(水魚之交)
물과 물고기가 떨어질 수 없는 관계에 있듯이, 대단히 친한 교제나 우정의 비유. 촉(蜀)나라의 유비(劉備)가 공명(孔明)과의 사이를 "나에게 공명이 소중한 것은 마치 물고기에게 물이 없어서는 안 되는 것과 같다."고 한 데서 나온 말. 出典 삼국지 촉지 제갈량전(三國志 蜀志 諸葛亮傳)

수주 대토(守株待兎)
그루터기를 지키며 토끼가 나오기만 기다림. 곧 전혀 가망이 없는 것을 기다림을 이름. 出典 한비자 오두편(韓非子 五蠹篇)

순망 치한(脣亡齒寒)
입술이 없으면 이가 시림. 곧 서로 이해 관계가 밀접한 사이가 평소에는 느끼지 못하다가, 어떤 피해를 입게 되면 그에 따라 다른 한쪽도 같은 운명에 처하게 됨의 비유. 出典 춘추좌씨전 희공 오년(春秋左氏傳 僖公 五年)

ㅇ

악발 토포(握髮吐哺)
머리털을 잡고 먹은 것을 토해 냄. 주나라 무왕의 아우 주공(周公)은 머리를 감다가도 현인이 오면 머리채를 쥐고 만나고, 음식을 먹다가도 뱉고 만났다 함. 곧 뛰어난 인재를 얻으려는 마음이 간절함의 비유. 出典 사기 노주공세가전(史記 魯周公世家傳)

야랑 자대(夜郎自大)

세상을 모르고, 저희 동아리 안에서만 큰소리치고 뽐내는 자를 말함. 중국 한나라 때, 서남 지방의 야랑국이 만이(蠻夷) 중에서 가장 우세했기 때문에, 스스로 크다고 여기고 한나라 사자(使者)에게 저희 나라와 한나라 중 어느 나라가 크냐고 물은 데서 나온 말. 出典 사기 서남이전(史記 西南夷傳)

약농중물(藥籠中物)

약상자 속의 약. 자기의 수중에 있어서 필요할 때 언제든지 쓸 수 있음. 또 부하를 삼아서 자기 편이 된 사람이나 필요한 인물의 비유. 出典 신당서 정원담전(新唐書 貞元澹傳)

양두 구육(羊頭狗肉)

양의 머리를 내걸고 개고기를 팖. 겉보기나 선전은 그럴듯하나 실제는 그에 미치지 못함. 곧 표면과 내용이 일치하지 않음의 비유. 出典 무문관(無門關)

양상 군자(梁上君子)

대들보 위의 군자. 곧 도둑을 말함. 후한의 진식(陳寔)이 대들보 위에 도둑이 숨어 있는 것을 알고, 아들과 손자를 불러서 "본디 사람은 착하게 태어났으나, 악한 성품이 버릇이 되어 굳어 버리면 나쁜 사람이 되기도 하니 그 한 예가 양상 군자니라."고 말하자, 도둑은 크게 뉘우쳐 아래로 내려와 사과했다는 옛일에서 나온 말. 出典 후한서 진식전(後漢書 陳寔傳)

양약 고구(良藥苦口)

좋은 약은 입에 씀. 곧 충고하는 말은 귀에 거슬리지만 자기에게 유익함을 이름. 出典 한비자 외저설좌상편(韓非子 外儲說左上篇)

어부지리(漁父之利)

도요새가 방합 조개를 쪼았는데, 방합이 껍데기를 닫고 부리를 놓지 않아 승강이를 하는 판에, 어부가 힘도 안 들이고 둘을 모두 잡았다는 데서, 제삼자가 다투는 틈을 타서 이익을 가로챔을 이름. 중국 전국 시대 때, 조나라가 연나라를 치려 하였는데, 칙사 소대(蘇代)가 조나라의 혜문왕에게 지금 연나라를 치는 것은 강국 진(秦)나라를 이롭게 할 뿐이라고 진언하여 중지시킨 옛일에 말미암음. 出典 전국책 연책(戰國策 燕策)

여도지죄(餘桃之罪)

중국의 전국 시대 때, 위군(衛君)을 섬기어 그 총애를 받던 미자하(彌子瑕)가 그의 어머니가 병을 앓자 거짓말을 하고 임금의 마차를 타고 나갔다. 위나라에서는 몰래 임금의 마차를 탄 자에게는 다리를 자르는 형벌을 내리기로 되어 있었으나, 이 사실을 안 위군은, "참으로 효자다. 어머니를 위해서 다리 잘리는 형벌을 알고도……!"라고 칭찬했다. 또 어느 날, 위군과 함께 과수원에서 놀던 미자하는 자기가 먹은 복숭아가 하도 맛이 좋아서 나머지 반을 임금에게 바쳤다. 이것을 먹은 임금은 "나를 끔찍이 생각하여 맛있는 복숭아의 반을 내게 주다니!" 하고 탄복했다. 이윽고, 몇 해 후 안색이 나빠진 미자하는 총애를 잃고, 오히려 위군의 미움을 받게 되었다. "이놈이 나를 속이고 내 마차를 탄 데다가, 제가 먹던 복숭아를 내게 먹였겠다."라고 그에게 죄를 물었다. 사랑이 미움으로 바뀌면 덕행(德行)도 죄가 된다는 말로, 본디는 가상히 여겼던 일이 거꾸로 죄가 되어 버린 경우를 말함. 사랑받은 것이 나중에 죄가 되는 원인이 된다는 비유. 出典 한비자 설난편(韓非子 說難篇)

연목 구어(緣木求魚)

나무에서 물고기를 잡으려 한다는 뜻으로, 불가능한 일을 억지로 하려 함의 비유. 出典 맹자 양혜왕상편(孟子 梁惠王上篇)

오리 무중(五里霧中)

오 리 사방에 낀 짙은 안개 속에서는 방향을 알 수 없다는 데서, 어떻게 해야 할는지 판단을 못 하고 목적을 정하지 못함을 이름. 出典 후한서 장해전(後漢書 張楷傳)

오월 동주(吳越同舟)

사이가 서로 나쁘거나 적을 삼는 자가 우연히 한 자리나 같은 처지에 있음. 또 적이라도 같이 곤란에 처하면 협력한다는 말. 춘추 시대 때 서로 적국의 관계에 있는 오나라와 월나라 사람이 우연히 같은 배에 탔는데, 폭풍을 만나 서로 도왔다는 옛일에서 온 말. 出典 손자병법 구지편(孫子兵法 九地篇)

오합지중(烏合之衆)

까마귀 떼처럼 규율도 통제도 없는 많은 사람의 모임. 또 그와 같은 군대나 군세를 이르는 말. 出典 후한서 경엄전(後漢書 耿弇傳)

와각지쟁(蝸角之爭)

작은 일로 다툼. 또는 하찮은 일에 구애되어 다툼. 달팽이의 왼쪽 뿔에 나라를 세운 촉씨(觸氏)와 오른쪽 뿔에 나라를 세운 만씨(蠻氏)가 서로 땅을 다투어 싸웠다는 우화에서, 달팽이 뿔 위에서 하는 사소한 싸움을 비유하여 이름. 出典 장자 칙양편(莊子 則陽篇)

와신 상담(臥薪嘗膽)

중국 춘추 시대 기원전 496년, 월(越)나라를 친 오(吳)나라 왕 합려(闔閭)는 싸움에 패하고 전사했다. 그 아들 부차(夫差)는 아버지의 원수를 잊지 않으려고 장작 위에서 자고, 드나들 때마다 남을 시켜 "부차, 너는 월나라 사람이 너의 아버지를 죽였다는 것을 잊었느냐."고 말하게 했다. 한편, 부차가 복수를 맹세하고 있다는 말을 들은 월왕 구천(勾踐)은 선수를 쳐서 오를 공격하였으나 거꾸로 오나라에게 패하여 회계산에서 항복하였다. 화의(和議)하여 목숨을 건진 구천은 돌아가

앉은 자리 옆에 쓸개를 놓고 항상 이를 핥으며, 스스로 "회계의 치욕을 잊었느냐."고 밤낮으로 뇌었다. 그로부터 20년 후, 월왕 구천은 오나라와 싸워 이겼고, 부차는 자살했다. 이 옛일에서 복수심을 품고 언제나 그것을 생각하며 고난을 참고 견디어 심신을 단련함의 비유. 出典 십팔사략, 사기 월왕구천세가전(十八史略, 史記 越王勾踐世家傳)

용두 사미(龍頭蛇尾)

처음은 용의 머리처럼 훌륭하나 끝에 가서는 뱀의 꼬리처럼 가늘어지는 것. 곧 처음에는 성했으나, 끝이 시원치 않은 것의 비유. 出典 벽암록(碧巖錄)

우공 이산(愚公移山)

옛날, 중국에서 북산에 사는 우공(어리석은 늙은이)이, 집 남쪽에 있는 태행(太行)과 왕옥(王屋)이라는 두 산을 다른 데로 옮기어 길을 내려고 힘쓰고 있다는 이야기를 천제(天帝)가 듣고, 그 진심에 감동하여 옮겨 주었다는 옛일에서, 꾸준히 노력하면 어떠한 어려운 일도 반드시 해낼 수 있다는 비유. 出典 열자 탕문편(列子 湯問篇)

원교 근공(遠交近攻)

직접으로 이해 관계가 없는 먼 나라와 외교를 맺어 친하게 지내고, 이해가 상반하는 가까운 나라를 치는 정책. 중국 전국시대에 진(秦)의 재상 범수가 주창했음. 出典 사기 범수전(史記 范睢傳)

월하 퇴고(月下推敲)

시인 가도(賈島)가 과거를 보러 서울로 갔을 때, 나귀 위에서 시를 지어 "새는 잔다 못가의 나무, 중은 민다 달 아래 문"의 구를 얻었으나, 推(손으로 밀다)자를 敲(똑똑 두드리다)로 바꿀까 하며 결정을 못 짓고 있는데, 마침 시장인 한유(韓愈)의 행차를 만나 물으니, 한유는 敲자가 좋다고 말했다는 고사. 出典 계유공(計有功) 〈당시기사(唐詩紀事)〉

위편 삼절(韋編三絶)

공자가 만년에 역경(易經)을 즐겨 읽어 그 책의 가죽 끈이 세 번이나 끊어졌다는 옛일에서, 책을 여러 번 거푸 읽음의 비유. 出典 사기 공자세가전(史記 孔子世家傳)

읍참 마속(泣斬馬謖)

큰 목적이나 계율·기준을 보이기 위해, 사사로운 정을 섞지 않고 자기가 가장 사랑하는 것이라도 처단하는 것. 삼국시대 촉나라의 제갈 공명이 군율을 세우기 위해 명령을 어기고 패전한 사랑하는 부하인 마속을 마지못해 울면서 죽였다는 고사에서 나온 말. 出典 십팔사략 삼국사(十八史略 三國史)

일망 타진(一網打盡)

그물 하나를 던져서 물고기를 다 잡듯이, 한 동아리를 한 가지 구실로 한 번에 남김없이 다 잡아 버린다는 뜻임. 出典 송사 범순인전(宋史 范純仁傳)

일모 도원(日暮途遠)

해는 저물고 갈 길은 멂. 곧 뜻하는 바는 큰데 때가 늦어서 쉽게 이룰 수 없음의 비유. 出典 사기 오자서전(史記 伍子胥傳)

일의 대수(一衣帶水)

하나의 띠처럼 좁은 강이나 해협. 또는 그와 같은 강을 사이에 두고 가까이 접해 있음. 중국 수나라 문제(文帝)가 중국 통일을 목표로 진(陳)나라를 칠 즈음에, 양쯔 강을 일의 대수라고 불렀다는 데서 나온 말. 出典 남사 진후주기(南史 陳後主紀)

일패 도지(一敗塗地)

한 번 패하여 간(肝)과 머리가 땅에 뒹굶. 곧 여지없이 패하여 다시 일어설 수 없게 됨의 비유. 出典 사기 고조기(史記 高祖紀)

입추지지(立錐之地)

송곳 하나 세울 만한 매우 좁은 땅이나 얼마 안 되는 빈터. 또는 그런 땅을 가진 사람이나 나라. 곧 매우 좁아 여유가 없음을 말함. 出典 한서 식화지(漢書 食貨志)

ㅈ

자가 당착(自家撞着)

자기의 말한 것이나 행위가 앞뒤가 맞지 않음. 조리(條理)가 서지 않음. 出典 선림류취 간경문(禪林類聚 看經門)

자승 자박(自繩自縛)

자기가 꼰 새끼로 자기를 묶음. 곧 자기의 마음씨나 언동에 따라, 자기 자신이 구속되어 괴로워함의 비유. 出典 원도(原道) 〈경덕전등록(景德傳燈錄)〉

전전 반측(輾轉反側)

걱정거리로 마음을 괴롭혀 잠을 이루지 못함. 또 잠자지 못하고 몇 번이나 뒤척임. 본래는 미인을 사모하여 잠자지 못하고 있음을 형용한 말. 出典 시경 주남 관저장(詩經 周南 關雎章)

정문 일침(頂門一鍼)

정수리에 바늘을 꽂듯이, 상대방의 급소를 찌르는 충고. 곧 따끔한 비판이나 교훈을 이름.

정중지와(井中之蛙)

우물 안의 개구리란 뜻으로, 소견이 좁아 하나밖에 모르는 사람을 일컬음. 出典 장자 추수편(莊子 秋水篇)

조강지처(糟糠之妻)

지게미와 쌀겨로 끼니를 이어 가며 고생을 같이해 온 아내. 곧 본처(本妻)를 이름. 가난하던 때부터 고생해 온 아내를 자기가 입신 출세했다고 해서 버려서는 안 된다는 말. '조강'은 술 지게미와 쌀겨로, 거친 식사를 뜻함. 出典 후한서 송홍전(後漢書 宋弘傳)

조삼 모사(朝三暮四)

눈앞의 차이에만 구애되어, 전체로 보면 결과는 같다는 것을 깨닫지 못함의 비유. 또 교활한 수단으로 남을 속임의 비유. 옛날 저공(狙公)이, 기르던 원숭이에게 상수리 열매를 내주는데, 아침에 세 개, 저녁에 네 개씩 주겠다고 하니 원숭이가 성을 벌컥 내며 못마땅해하므로, 그러면 아침에 네 개, 저녁에 세 개씩 주면 되겠느냐고 하니까 기뻐했다는 우화에서 나온 말. 出典 열자 황제편(列子 黃帝篇)

죽마고우(竹馬故友)

대말을 타고 놀던 친한 친구. 곧 어릴 적부터 같이 자란 오랜 친구를 이름. 出典 진서 은호전(晋書 殷浩傳)

지록 위마(指鹿爲馬)

사슴을 가리켜 말이라고 우긴다는 뜻으로, 위압으로 남을 짓눌러 바보로 만들거나 그릇된 일을 가지고 속여서 남을 곤경에 빠뜨리는 것을 의미함. 出典 사기 진시황기(史記 秦始皇紀)

지어지앙(池魚之殃)

연못 속 물고기의 재앙. 곧 뜻밖의 재난에 휩쓸려 들어, 몹시 고생함의 비유. 또는 화(禍)가 엉뚱한 곳에 미쳐 이유 없이 재앙을 입음의 비유. 出典 여씨춘추 필기편(呂氏春秋 必己篇)

ㅊ

창업 수성(創業守成)

새로 사업을 벌이기도 어렵지마는 그 사업을 유지하기는 더 어려움. 당(唐)나라 태종(太宗)이 신하에게 창업과 수성과 어느 쪽이 더 어려우냐고 물은 데 대해, 공신인 위징(魏徵)이 대답한 말. 出典 구당서 방현령전(舊唐書 房玄齡傳)

창해 일속(滄海一粟)

큰 바다에 떠 있는 한 톨의 조. 곧 넓고 큰 것 속의 극히 작은 것. 광대한 하늘과 땅 사이에 있는 덧없는 인간의 존재의 비유. 出典 소식(蘇軾) 〈전적벽부(前赤壁賦)〉

천고 마비(天高馬肥)

하늘은 높고 말은 살찐다는 뜻으로, 가을이 좋은 계절임을 나타낼 때 흔히 쓰이는 말. 出典 두심언(杜審言) 〈오언배율(五言排律)〉

천려 일실(千慮一失)

천 번의 생각에 한 번의 실수란 뜻으로, 지혜로운 사람도 많은 생각 중에는 하나나 둘쯤 잘못이나 실패가 있다는 말. 충분히 생각해도 뜻밖의 실패를 범함을 이름. 出典 사기 회음후전(史記 淮陰侯傳)

천의 무봉(天衣無縫)

선녀의 옷에는 꿰맨 자리가 없다는 데서, 성격이나 언어·행동이 매우 자연스러워 조금도 꾸민 데가 없음. 또 시나 문장이 기교의 흔적이 없이 극히 자연스러워 조금도 꾸민 티가 없음을 비유. 出典 영괴록(靈怪錄)

천장 지구(天長地久)

하늘과 땅이 오래도록 변하지 않듯이, 사물이 오래오래 계속됨. 또는 하늘과 땅은 영구히 변함이 없음을 이름. 出典 노자 제칠장(老子 第7章)

청출어람(青出於藍)
쪽이라는 풀로 만든 푸른 물감의 빛이 쪽보다 더 푸름. 곧 열심히 학문에 정진하면 스승보다 뛰어날 수 있다는 뜻. 出典 순자 권학편(荀子 勸學篇)

촌철 살인(寸鐵殺人)
단 한 치밖에 안 되는 쇠로 사람을 죽임. 곧 한 마디 말과 글로써 상대방을 당황하게 하거나 감동시킴을 이름. 出典 나대경(羅大經) 〈학림옥로(鶴林玉露)〉

칠종 칠금(七縱七擒)
적을 일곱 번 놓아 주고, 그 적을 또 일곱 번 사로잡음. 중국 삼국 시대의 촉(蜀)나라 군사(軍師) 제갈 공명(諸葛孔明)이 적의 장수 맹획(孟獲)을 사로잡았는데, 맹획이 "상대를 지나치게 높이 평가해서 패했다"고 하므로, 이쪽 진형을 알려 주었더니, "그걸 알았다면 지지는 않았다."고 말했다. 그렇다면 한 번 더 싸워 보자고 풀어 주고 다시 싸웠으나, 또 맹획은 사로잡혔다. 이런 식으로 일곱 번을 놓아 주고 일곱 번을 잡자, 그 뒤로 맹획은 공명에게 복종하고 배반하지 않았다는 옛일에서 온 말. 出典 삼국지 촉지 제갈량전주(三國志 蜀志 諸葛亮傳注)

ㅋ·ㅌ

쾌도 난마(快刀亂麻)
엉킨 삼을 잘 드는 칼로 자르듯이, 복잡하게 얽힌 문제들을 솜씨 있고 바르게 처리함. 出典 북제서 문선제기(北齊書 文宣帝紀)

타산지석(他山之石)
다른 산에서 나는 거칠고 나쁜 돌도 숫돌로 쓰면 자기의 옥을 갈 수가 있다는 데서, 다른 사람의 하찮은 언행이라도 자기의 지덕(知德)을 연마하는 데 도움이 됨의 비유. 出典 시경

소아 학명장(詩經 小雅 鶴鳴章)

토붕 와해(土崩瓦解)

흙이 무너져 떨어지고 기와가 깨져 흩어지듯이, 사물의 근본이 무너져 손을 댈 수 없는 상태의 비유. 토붕은 사물의 근본이 무너짐, 와해는 위에서 부분적으로 무너짐을 이름. 出典 사기 진시황기론(史記 秦始皇紀論)

토사 구팽(兔死狗烹)

토끼를 잡으면 토끼를 몰아준 개가 필요 없으므로 사냥개는 삶아서 먹음. 곧 필요할 때는 요긴하게 사용하다가 필요 없을 때는 버린다는 뜻. 出典 사기 월왕구천세가전(史記 越王勾踐世家傳)

ㅍ

파경 중원(破鏡重圓)

전란 따위에서 생이별한 부부가 무사하게 다시 만남. 중국의 남북조 시대에, 진(陳)나라가 수(隋)나라 문제(文帝)에게 망했을 때, 시종(侍從)인 서덕언(徐德言)은 거울을 두 쪽을 내어, 그 한 쪽을 아내에게 주고 다시 만났을 때의 증거로 삼기로 했다. 그 뒤에 다시 만나 고향으로 돌아갈 수가 있었다는 옛일에서 나온 말로, 지금은 뜻이 변해 부부의 이혼을 '파경'이라고 하게 되었다. 出典 이방(李昉) 〈태평광기(太平廣記)〉

파죽지세(破竹之勢)

도저히 그칠 수 없는 세찬 기세. 대는 한쪽 끝에 칼자국을 내면 단번에 쭉 쪼개지므로, 군세 따위가 맹렬한 기세로 나아가는 것을 이름. 서력 280년에 진(晋)나라가 오(吳)나라를 무찔렀을 때, 진의 장군 두예(杜預)가 "지금, 군의 사기는 매우 높다. 이를테면, 대를 쪼개는 것과 같다. 한쪽 끝에 칼자국만

내면 저절로 쪼개져 나간다."라고 말하고, 단숨에 공격하여 오나라 군사는 싸우지도 못하고 항복했다는 옛일에서 나온 말. 出典 진서 두예전(晋書 杜預傳)

ㅎ

한단지몽(邯鄲之夢)
한단이란 지방에서 꾼 꿈. 인간 세상의 영고 성쇠(榮枯盛衰)의 덧없음의 비유. 出典 심기제(沈既濟) 〈침중기(枕中記)〉

해로 동혈(偕老同穴)
부부가 살아서는 같이 늙고, 죽어서는 같은 묘에 묻힌다는 뜻으로, 부부의 언약이 굳음을 이름. 또 부부가 정답고 행복하게 지내는 모양. 出典 시경 정풍 격고장(詩經 鄭風 擊鼓章)

형설지공(螢雪之功)
가난하여 등잔을 못 켜고, 여름에는 개똥벌레의 빛으로, 겨울에는 눈빛으로 책을 읽었다는 데서, 고생하며 배운 성과를 이름. 出典 진서 차윤전(晋書 車胤傳)

호가호위(狐假虎威)
여우가 호랑이의 위엄을 빌려 큰소리를 친다는 데서, 능력이나 실력이 없는 사람이 남의 권세를 빌려 위세를 부림을 이름. 出典 전국책 초책(戰國策 楚策)

후생 가외(後生可畏)
나중 태어난 자, 즉 기력·체력이 뛰어난 젊은이는 앞으로 공부하고 노력하기에 따라 어느 정도의 역량을 가질는지 모르기 때문에 가능성은 두려울 정도라는 뜻. 出典 논어 자한편(論語 子罕篇)

새롭게 풀이한 **명심보감**

2017년 1월 10일 18쇄 박음
2017년 1월 25일 18쇄 펴냄

엮 은 이 / 안형순 · 심우섭
그 린 이 / 최달수
펴 낸 이 / 양진오
펴 낸 곳 / (주)교학사
서울특별시 마포구 마포대로14길 4
전 화 / 영업 02_7075_147 | 편집 02_7075_333
등 록 / 1962. 6. 26 (18-7)

편집책임 / 조선희
편집교정 / 박승희 · 이효정

정 가 / 10,000원